聖中心伝

肥田春充の生涯と強健術　壮年編

酒井嘉和

聖中心伝　肥田春充の生涯と強健術

壮年編

酒井嘉和　著

聖中心伝　肥田春充の生涯と強健術　壮年編　目次

第五章　帰郷と父立玄の死

第六章　「聖中心」落節

第五章　帰郷と父立玄の死

1　帰郷と『心身強健術』の執筆

近衛第四連隊を任期満了で退営すると、春充は誰にもそのことを告げずに密かに故郷の父の元に戻った。入営の際に見送りの騒ぎを避けたのと同じ理由である。

春充は兵役についている間、一日も父のことを思わぬことはなかった。

私は雨の降る晩、風の吹きすさぶ暁、兵営の冷たい寝台に、私を訪れてくれた、老父の夢＝共に裏の畑に菜種をまいたり、泉水のほとりに石を並べたり・・・さては、南向きの日当たりの良い小座敷で、私が土産に持って帰った、牛肉を、父と友と私と三人で、笑いに興じながらつついた事や、それから父が十年ばかりも昔の様に元気になって、二人で三ツ峯（三ツ峠山のことと思われる　著者注）に登った事やあれや、これや想い出せば限りもないが、私の兵営日記を飾ってくれた。（心身強健術）

また、帰郷した日には様々な孝行で父を喜ばせたいと考えをめぐらせてもいた。

一ヶ月ばかりは骨休みかたがた。よしみすぼらしくとも、私の父の住家。私を育ててくれたあばら屋。その垣の壊れた所へは、お手製の修理を施そう。庭の草むしりもしよう。作物に肥料もやろう…（中略）

…そして雨の降る淋しい晩には、父上の肩や背中を揉みながら、憐れな眼の見えない使者の昔話を聞かせて上げよう。…

(私は父をもんで上げるために、マッサージを書物で調べて見たので、今度、これを書くために研究したのではないのです)

…様々の回顧や、希望に弄ばされながら、私は小鳥のように、羽ばたきして走り帰ったのである。

(心身強健術)

ところが帰郷してみると、父は重篤な病気であった。

私は、大威張りで、玄関から駆け込んだ。何事!? 一筋の冷たい風は、私の頬を撫でた。父は、病後の身を、よろよろと運んで、私を迎えてくれたのである。…ひどく年をとったなあ…『行く春』という悲しみは、ヒシヒシと胸に迫ってきた。星の降るようなその晩、私はひとり、手植えの梅の幹に身を寄せて、帰らぬ父の春を思いながら、限りなき一種の寂しさに堪えらえなかったのである。

こうして、数日を過ぎたある朝のこと。起きてみたら＝私の居間は、裏の小座敷である＝父は非常に病み苦しんでおられた。夜中からとの事であった。私は、それを知らせてくれなかった雇老婆の、不注意、不親切を怨みながら、自分で看護に当たったのであるが、病勢はますます募るばかり＝急性腸カタルであった。＝その日の午後になって、病み疲れた父は、とうとう昏睡状態に陥ってしまったのである。呼びつづけても、聞こえない。時々ドンヨリとした眼を開くことがあっても、口をきくことすら出来なくなった。

しばらくして便所に行くと、這い出されたから、私は両脇をかかえてあげた。そして長い廊下を通って、行く途中、手を伸ばして、フラフラとされたと見る間もなく、生がなくなって打ち倒られた。呼びつづけても聞こえません。ゆすぶりましても、答えがありません。

ものの数にもならぬ自分の命くらい、チリか木っ端ほどにも考えていなかった私は、これまで味わった事のない、驚きと恐怖に襲われたのである。

子供らが、枕辺につかえて暖かい看護をしたのでもなく、特に病気になられた時には知らなかったとは言え、自分は甘い眠りを貪っていたではないか…これが、雨に打たれ、風にさらされ、浮世の荒波に揉まれ揉まれた八十年の生涯の結末か…。惨酷である、無常である。これもみんな、馬鹿な子供らの罪だ。所もあろうに—板の上で死なせるとは、…何事だ。人事不省になった父の固い体を抱いた私の、痛恨、悲嘆は、何もこれに較べられない。…私は下を向いて、ただしきりに唇を噛んだ。

そのうちに、やや人心地がつかれたけれども、少しも動かす事は出来ない。私はただ扇子で、あおってやるばかりである。私は悲しみの情に満たされて、二時間あまりもあおり続けていた。（心身強健術）

この事件がきっかけとなり、強健術の知見を治病に応用した「自己療養」が誕生することになるのであるが、その「自己療養」の発想のヒントを得たのは、今は亡き母の思い出であったという。

それは故郷で、ある夏の夕方であるが、私は着物をかかげて桂川を泳ぎ渡り、向こう岸にそびえている倉見山に登った。白河の山に、隠士を訪ねた白隠禅師の故事ではないが、険しい崖を踏み、キノコの生えるような暗がりをひらき、つらい汗を流して登ること一時間余り、山腹の松の根元に腰を下ろして『西は晴れたり』と書いてあった『方丈記』の住まいもこんな所であったろうなどと思いながら、一人夕陽を浴びたあらゆる風景に見とれてしまった。その身も魂も解けそうな穏やかな景色を眺めて、私は見知らぬ母の懐に抱かれた様な、なつかしさをシミジミと感じたのである。思いは、それからそれへと移って、死に別れた多くの兄や姉や弟の上へ馳せた。万感胸に満ちて、しばらく我を忘れてしまったのであるが、……『よし。一旦病気になったものが、医薬意外に、自分で自分の体に、活力を誘起して、回復を速やかにする方法を案出してやろう』との決心を起こしたのである。考えは全くその上に移ってしまって、いつしか日が暮れたのに気がつかなかった。

そして大体の方針を、

『絶対的安静による休養』

『腹圧によって中心を練ること』

『身体を静かに動かして血行を盛んにし』

『脚部を暖かにして頭部の充血を下げる』の四大綱領に帰納し、これによってその方法を組織しようと心を定め、始めて腰を上げて帰途についたが、夕闇はすでに四辺に迫り足元が分からず、非常に危なかった。空には、星が降るようであった。登る時の三倍も時間を費やしてようやく麓へ下り、再び桂川を泳ぎ渡って、我が家の近くまで帰って来た。所が、闇の中に一人の老人がたたずんでおった。それは私の父であった。父は、私が川で溺れたのではあるまいかと、非常に心配しておられたのであった。私が、これ程の獲物を携へて来たとはご存じないため、馬鹿な児ほどかわいいのは親の情。強く私の無謀を、叱責されたのであった。母をしのぶ情は、意外にも終にこの様な方法をもたらすに至ったのである。

私も何時か勇ましくこの世の戦いを終えて、永い眠りについた時、このおかしな物語を亡き母にしてみたいと思う。そうだ。その時があることを私は信ずる。そう。…どうかしてどこかで=!!

Somehow,somewhere meet we must.

（心身強健術）

こうして「自己療養」は、生みだされた。そのきっかけが、父の病と亡くなった母と兄弟への思いであったことは、興味深い。虚弱という弱点から強健術は編み出され、父の病という逆境から新たな療法が生みだされたのであった。普通の人間であれば、そこであきらめ絶望してしまうような状況の中、春充は逆にその状況をスプリングボードとして大きく飛躍したのである。しかし、この逆境にこそ奮闘すべしとの教えを説いたのは、他ならぬ父立玄《はるつね》であった。春充は言う。

逆境の恩寵を感謝せよ。目前の勝敗利鈍を気にとめること無く、心を潜め、身を粉にして、正道に猛進せよ。私をして今日、体育の研究に熱中させ、今日の強健体を獲得させたのは、すべて私の悲惨な家庭の境遇に基因するのである。さらに私をして、鈍才に鞭打ち惰心を叱咤し、取るに足らない生を捧げて、天下のために微力を尽くそうとの一片の赤誠を失わせないのは、全く私の敬愛する亡父が、私を教育するために二十有八年間、山村の僻地に孤独に落ちぶれ、苦難の生涯を、忍ばれたことによる。

（強い身体を造る法）

この「自己療養」は、さらに研究発展し「天真療法」として結実することとなる。また、父が回復した七月から九月にかけ、『二六新報』上に、軍隊時代の新たな発見を加味した「強健術」と、軍隊時代に開発した「椅子運動法」、そして「自己療養」を農事のかたわら連載した。これらの連載記事は、後に加筆され、武侠世界社《ぶきょうせかいしゃ》より『心身強健術（附椅子運動法自己療養）』として、大正三（一九一四）年三月に出版され、その年の七月に天覧、台覧の名誉を被ることになる。

この連載記事は、連載中より好評であり二六新報の記者守田有秋がその紹介記事を執筆している。

簡易強健術の筆者について川合春充君を紹介す（大正二年七月四日　二六新報）

守田有秋生　二六新報記者

一昨年の秋（明治四十四年）の秋の事である。私は『簡易強健術』という一書を、前社長の秋山先生にさしあげて一読を願った。かねてよりこの種の書籍に少なからず興味を持っておられる先生であるから、さだめし大いに歓迎される事であろうと思っていたところ、先生は『川合春充』という著者の名を一見されて、『あまり聞かぬ人だねえ、一体何を書いているんだ』との質問である。私は著者の川合君を直接知っている訳ではないが、しかし川合君の著書を発行した春秋社の主人中山三郎君を知っているので、中山君を通じて川合君を秋山先生に紹介することが出来た。それ以来秋山先生は、著者から直接に『強健術』の説明を受けられて、大分熱心に研究しておられた様だ。当時秋田社長も川合君に面会されて、同氏の強健法に感服され、右に関する記事の執筆を勧められた事もあったが、同年末における川合君の入営と共にそれも終に立ち消えになってしまった。しかし同君は、一年六ヶ月の入営中、かつて自分の発明された強健術に、さらに一般の改良を加えられた。それを新たに発表される事になった。思うに、世の多くの病弱な方々は川合君の発奮した動機とその実験　簡易強健術的強健法を聞いて、一面に非常な慰めを得ると共に、一面また同君と同じ刺激を得て、同君同様な頑強鉄のような快男子、偉男子となる事であろう。（心身強健術）

この記事によれば、守田は二六新報社前社長秋山定輔に、『実験　簡易強健術』を紹介したが、はじめはそれほど乗り気ではなかった。しかし、『実験　簡易強健術』の出版社春秋社社長中山三郎を通じて春充を秋山に紹介すると大に興味を持ったとのことである。

この時秋山は、二六新報社社楼で中山から春充を紹介されると、体育談義に五時間を費やした上、社員を集めて春充の強健術実演を見せたという熱の入れようであった。これが縁となり、二六新報に強健術の連載が始まるのである。

また、守田は次のような記事も二六新報に載せている。

一昨年の秋のことである。私は簡易強健術という一書を前社長の秋山定輔先生（桂首相の懐刀であった人、憂国の志士だ）に、進呈して一読を願った。すると、はたして！二三日たって先生は私に向かって、著者にあって見たい、との事を洩らされた。当時秋田社長（現衆議院議長）も川合君に面会されて、同氏の強健術に感服されておった。とにかく同君が非常に病弱な、一家族の中に生れて、暗澹たる少年時代を過ごしながらも、憤然と立ち上がり、自己心身の改造を決意し、ついに四個の大学校を、卒業されたという事は、我々平凡者流に取って、驚嘆に値する事柄である。同君は実にセルフメードの人である。セルフカルチペーテットの人である。（聖中心道肥田式強健術）

父立玄《はるつね》は、常々「謙遜の心を失った時は、退歩の時だ」と春充を戒め、めったに春充をほめることはなかったが、この記事を読むと初めて、

「よく、やってくれたな」

とほめたという。そして天覧、台覧の知らせを聞くと姿勢を正して、

「有難い極みである。ただ恐れかしこまるの他はない」

とつぶやいたという。この言葉を聴いた春充は、努力貫徹の意気と熱心を与えてくれたのは父と兄の賜物であると深い感謝の念を捧げている。

春充が天真療法の着想を得た倉見山　著者撮影

2　対外活動の活発化

『二六新報』に強健術の記事を執筆した大正二（一九一三）年の暮れ十一月と十二月に、春充は上京していたようである。父が小康を得たこともあり、『二六新報』の連載を出版する打ち合わせなどもあったからだと考えられるが、この間春充は精力的に様々な人物と出会い活発な活動を行っている。

春充が、近衛連隊に勤務していた大正元（一九一二）年から除隊した翌大正二（一九一三）年は、国内外に激震が走った年でもある。国内では明治天皇が崩御（一九一二年）して明治が終わり、隣国中国では最後の王朝清帝国が、孫文の辛亥革命（一九一一年）により瓦解したのである。学生時代より押川方義《おしかわまさよし》と連携して国士的活動を行っていた春充も、この時期よりその活動を本格的に始動させている

たとえば春充は、大正二（一九一三）年十一月に押川と共に清国より亡命してきた河海鳴《かかいめい》という人物と会談している。

清朝は、明治四四（一九一一）年十月に起こった孫文（一八六六〜一九二五）の辛亥革命により滅び、翌大正元（一九一二）年中華民国南京臨時政府が成立、孫文が臨時大統領に就任した。しかしその後袁世凱《えんせいがい》（一八五九〜一九一六）が臨時大統領に就任すると、独裁権を確立するため政敵を暗殺し孫文をはじめとす

る国民党に弾圧を加えてきた。このため、国民党急進派は七月に反袁世凱の狼煙《のろし》をあげた。これを、辛亥革命につづく第二革命と呼ぶ。しかし準備不足の上、圧倒的な袁世凱の軍の前に反袁軍はわずか二ヶ月で鎮圧されてしまい、孫文ら反袁派の指導者は海外に亡命せざるを得なかった。この第二革命で反袁軍の一人として戦い、敗戦の将として日本に亡命してきた人物が河海鳴である。

後に詳細に触れることになるが、当時押川は約十年の沈黙の後本格的な対外活動を始めた頃であり、日本に訪問中の孫文の歓迎会を神田青年会館で開催し、大隈重信とカリフォルニア州の排日法案について協議を行うなど活発な国士的活動を展開していた。

そして春充が上京し、押川と本格的な対外活動を開始した翌年大正二（一九一四）年七月には、第一次世界大戦が勃発する。この頃春充は、新宿牛込に来日中の孫文に会いに出かけ、さらに孫文の友人であり、辛亥革命を支えた宮崎滔天《みやざきとうてん》（一八七一～一九二二）を新宿内藤町に訪ない大陸の情勢などを聞いている。このようなことから春充は、「支那をもって、理想を実現すべき舞台と考え、（孫文らの）南清革命軍に投じよう」などと考えていたという。当時の春充は宮崎滔天のような大陸浪人となって、大陸で革命に参加することを夢見ていたようである。

さて、日本と世界が大きく情勢を変化させたこの時期に、春充と押川が具体的にどのような活動をしたか、またその背景にはどのような事情があったかは、春充に大きな影響を与えた押川について知る必要がある。これらは後に押川について詳細に触れる際に改めて見ていくこととして、今は時系列に従って、この頃の春充の人脈形成と、『心身強健術』出版の事情について見ていきたい。

3　蓮沼門三、山下信義との義兄弟の契り

大正三（一九一四）年の五月に、春充は蓮沼門三《はすぬまもんぞう》および山下信義《やましたのぶよし》という二人の青年に出会い、義兄弟の契りを結ぶことになる。

蓮沼門三（一八八二〜一九八〇）は、社会教育団体「修養団」を創設した社会教育家である。彼が「修養団」を創設したきっかけが、彼の人物と理想を、端的に語っているので簡単に紹介したい。

蓮沼門三（出典：蓮沼門三全集第十一巻）

彼は、二十一歳の時、東京府師範学校に入学する。そこで、「天下を動かさんとする者はまず自ら動くべし」の信念のもと、泥靴に踏み荒らされ、不潔を極めた寄宿舎の美化を思い立つ。起床時間前に起き、単身、廊下の雑巾がけ、便所掃除、運動場の草取りなどを行った。しかし、同僚達は、冷笑し、非難、妨害する者まで出る始末。しかし、蓮沼は動ずることなく、一人黙々と活動を続けた。蓮沼が活動を始めた年が暮れ、翌一月の厳冬、蓮沼が雑巾を絞ると、ひび切れた両手から、血がしたたり、バケ

ツの水が真っ赤に染まった。蓮沼の様子を一人の青年が見ていたが、ふと何気なくバケツの中を見た時、彼は大きな衝撃を受ける。そして、その場で蓮沼にこれまでの非礼を泣きながら詫び、協力を申し出た。こうして彼の活動は、瞬く間に全校に広がり、寄宿舎は、以前とくらべものにならない程美しくなり、廊下などは顔がうつるほどに磨きこまれたという。この運動をきっかけとし、「修養団」は誕生する。卒業後蓮沼はさらに運動を拡大し、明治後期から大正、昭和にかけての社会教育運動の一大潮流となる。

修養団に協力した人物も幅広く、渋沢栄一《しぶさわえいいち》、大倉孫兵衛《おおくらまごべえ》、森村市左衛門《もりむらいちざえもん》などの財界人、大隈重信、新渡戸稲造、後藤新平などの政界人、大田黒重五郎《おおたぐろじゅうごろう》（東芝の前身である芝浦製作所　初代社長）、服部金太郎《はっとりきんたろう》（服部時計店、精工社創業者）大倉喜八郎《おおくらきはち》（後の大成建設となる大倉組　総長、ホテルオークラ創業者）などの財界人、海老名弾正《えびなだんじょう》（基督教者、同志社大学総長）、山室軍平《やまむろぐんぺい》（基督教者、日本救世軍司令官）、釈宗演《しゃくそうえん》（円覚寺派管長）などの宗教家などと、幅も層も厚い面々が名を連ねている。そして、春充とも関係の深い二木謙三《ふたきけんぞう》は、「修養団団長」として、終生修養団に協力をしている。また、蓮沼の影響を受けた人物としては、松下幸之助（松下電器創設者）、土光敏夫《どこうとしお》（石川島重工業社長、東芝会長）、駒井健一郎《こまいけんいちろう》（日立製作所相談役）、日向芳斎《ひゅうがほうさい》（住友金属会長）、小山五郎《こやまごろう》（三井銀行相談役）など、実業界に限定しても忽々たるメンバーが蓮沼を師と仰いでいる。現在も、彼の創始した「修養団」は、「公益法人　修養団（略称　SYD）」として、活動を続けている。

また、山下信義《やましたのぶよし》（一八八〇〜一九四九）は、学習院高等科、京都大学法科を卒業した秀才であったが、自

山下信義（出典：山下信義先生の面影）

らの使命を社会教育、特に民衆の生活教育にありと自覚し、帝大出身の地位を捨て、静岡県伊東の町はずれの山すその谷間に、掘立小屋の「農民塾」を立て、何人かの青年達とともに、農園経営を始めた。農園では、みかんを栽培し、蜂、鶏、山羊などを飼育していた。

山下は、毎日早暁に起きて、下田街道に馬糞を拾いにいき、それを背負い急な坂を何度も往復する生活を三年近く続ける。そのうち風変わりな法学士がいるということがうわさとなり、近くの村の青年達から講演の依頼が舞い込むようになった。そこで山下は、自身の経験を踏まえ、「一事を貫く意志の力は、万事を貫く意志の力なり」との信念を、「一事慣行」というスローガンに託し、全国の農村を公演して回り、主に中産階級より下の人々の啓蒙に勤めた人物である。

伊東の農民塾（出典：山下信義先生の面影）

彼等の出会いの経緯は次の通りである。大正二（一九一三）年七月に蓮沼は、大倉孫兵衛《おおくらまごべえ》（一八四三〜一九二一）の勧めにより湯河原の孫兵衛別宅にて、春充とも関係のある道会主催松村介石《まつむらかいせき》とともに湯治静養した。その際、伊豆在住の山下の噂を聞きおよび、自ら山下の農園を訪問し、天下国家について語り合うとたちまち意気投合した。その時山下が、志のある人物同士が団結することの大切さを説くと、蓮沼は多いに賛同する。そして山下は、志ある人物として春充を紹介したが、この時点で、山下も春充とは面識がなかったという。蓮沼は、後にその人物を見定めるためか、春充と寝食を何日か共にする。蓮沼は、その時のことを次のように山下への手紙に綴っている。

川合君と相知ること新しく、寝食を共にすることは今回が初めてです。わずか一週間の同居、竹馬の友よりも相慕い相敬うようになったのです。川合君の真情豊かな、信仰が厚く、謙譲の徳高く、体力飽くまでも強く、頭脳極めて明晰、なすことすべてが優れている天才。実に現代得難き人物であります。一見処女のように柔和に、義に勇む時は断々固として鬼神の態度、ただただ敬服の他ありません。天の恩寵によりこの至人と会見え相結ぶを得たことを感謝します。（川合式強健術）

これは、春充が上京し蓮沼を訪れ、協力を約した大正二（一九一三）年十二月のことのようである。翌大正三年五月に春充、蓮沼、山下は森村市左衛門《もりむらいちざえもん》（一八三九〜一九一九）宅を訪れ、三時間にわたって会談し「互いに国家のために身命を捧げよう」と、『三国志演義』の「桃園の義」に因み、義兄弟の契りを結ぶことになる。その時の感動を、蓮沼は次のように手紙にしたためている。

五月十二日（大正三年）はどのような日であるかというと、実に私において忘れがたき尊き日である。すなわち憂世の念を抱き、理想郷建設のために高等の官府を棄てて、伊豆の一角、伊東の一農夫となり、多年心血を注いでいる、法学士山下信義氏と、青年の堕落を憤慨して、その士気を奮い起こすため、あまりある才能を持ち、いく多の就職があるにも関わらず辞退して、貧困の境遇に満足し、少しも怠ることのない、川合春充氏とともに、森村翁と会談し、互いに国家のために身命を捧げようと誓約し握手した記念の日である…。（蓮沼門三論）

このような縁から、春充と山下は蓮沼の主催する、「修養団　天幕講習会」の講師として協力することになる。

4　修養団　天幕講習会

「天幕講習会」とは、町村改善を担う指導者となる青年に、その知識と町村自治の実際的訓練を施すことを目的としたもので、主に全国の師範学校、農林学校より参加者を選抜し、野外に天幕（テント）を張って共同生活を営み、春充を始め多くの講師が実地的講義、訓練を施した講習会である。

また、この講習会の原点は、修養団の田尻稲次郎《たじりいねじろう》団長（東大教授、専修大学設立に参画、大蔵次官、東京市長などを歴任一八五〇～一九二三）の感化を受けて、小尾晴敏《おびはるとし》（一八八三～一九三五）という社会教育家が中心となり農村改良、地方青年指導、社会覚醒運動を始めたことにある。そして、田沢義輔《たざわよしのり》（内務省書記官、静岡県安部郡長などを歴任、青年団運動に取り組んだ社会運動家一八五五～一九四四）および、春充と義兄弟の契りを結んだ山下義信《やましたよしのぶ》らが、前年に三保の松原において予備的天幕講習会を試みて成功した事も今回開催の大きな動機の一つとなっている。

春充は、小尾と共に田尻稲次郎を訪問したことがあり、その写真も残っている。春充はその訪問を次のように振り返っている。

左より小尾晴敏、田尻稲次郎、春充（出典：強い身体を造る法）

左より蓮沼門三、田沢義輔一人おいて小尾晴敏、春充（出典：蓮沼門三全集第十巻）

生活状態において、官界の徳富蘆花《とくとみろか》氏とも言うべきは、会計検査院長田尻博士である。博士と小尾晴敏氏と私と、三人で写した写真が出来上がったから持参した所が、先生は例の十数年も着られた古洋服に、破れた穴だらけの靴をはいて、庭園で自作の豆の枯れた蔓を取っておられた。その蔓が梅の古木にまでからみついていたら、先生は靴ばきのまま攀《よ》じ登ろうとされたから、私が取ってあげました。このように先生は毎朝、宅地利用の農作物に手入れをなさるそうです。（強い身体を造る法）

天幕講習会の講師の顔ぶれは第一回に限っても、蓮沼門三、山下信義、川合春充、小尾晴敏、有馬頼寧《ありまよりやす》（農学士）、増田義一《ますだぎいち》（実業之日本社長）、松崎蔵之助《まつざきくらのすけ》（帝大教授法学博士）、床次竹次郎《とこなみたけじろう》（鉄道員総裁代議士）、宇津木勢八《うつきせいはち》（牧師）、田沢義鋪《たざわよしはる》（内務省書記官）、田所美治《たどころよしはる》（文部省普通学務局長）など多彩であり、事故によって参加は出来なかったが、井上哲次郎《いのうえてつじろう》（哲学者）、本多静六《ほんだせいろく》（林学博士、東大教授）も参加予定であったという。

天幕講習会風景、左より蓮沼、小尾、春充、田沢、山下、（出典:山下先生の面影）

また、その費用のほとんどを渋沢栄一、森村市左衛門、大倉孫兵衛が援助し、一木喜徳郎《いちききとくろう》文部大臣、中川望《なかがわのぞむ》内務省衛生局長、井上友一《いのうえともいち》東京府知事などの名士の協力を取り付けることも出来た。さらに、各新聞は多くの紙面を割いて、天幕講習会を報道したため、多数の見学者が押し寄せたという。

天幕講習会は、大正四（一九一五）年より同十三（一九二四）年まで毎年行われた。春充は、第四回まで無償で参加している。第一回の講習会は、福島県摩耶郡の檜原湖《ひばらこ》畔で開催された。この第一回天幕講習会の様子については、後に詳しく触れたい。

5　「心身強健術」の出版とその反響

大正三（一九一四）年三月、『心身強健術』が武侠世界社《ぶきょうせかいしゃ》から出版されると、処女作『実験　簡易強健術』を上回る、大ベストセラーとなる。

この書も、前々著『実験　簡易強健術』と同様、出版する以前より、ヒットする要因がいくつかあった。

まず、出版社の武侠世界社であるが、これは押川方義《おしかわまさよし》の実子押川春浪《おしかわしゅんろう》（実名方存《まさあり》　一八七六〜一九一四）が主筆をつとめていた『武侠世界』という雑誌の出版部門である。これは、興文社という出版社の一部門であり、小石川にある興文社社長別邸が発足の地である。

『心身強健術』表紙

実は、春充はこの小石川の社長別宅にしばらく住んでいたことがある。また、興文社社長は麻布にも別宅を持っており、やはりそこを春充が利用した形跡がある。おそらく押川方義との縁で、そこを下宿として使用させてもらっていたものと考えられる。

押川春浪《おしかわしゅんろう》は、明治九（一八七六）年に押川方義《おしかわまさよし》の長男として誕生する。仙台の宮城師範付属小学校を経て東京の明治学院に編入し、そこで野球に出会いそのとりことなった。しかし野球に熱中するあまり二回も落第をしたため、父方義が院長である東北学院に編入させられることになる。東北学院でも野球に没頭するが、父方義ゆずりの気性の激しさが祟り、学内で様々な悪戯、暴力事件などを起こして退学。札幌農学校、水産伝習所などを転々とし、明治二八（一八九五）年に後の早稲田大学となる東京専門学校に入学する。ここでも野球、喧嘩、酒に明け暮れ硬派なバンカラとして大いに鳴らした。その反面読書や文を作ることにも関心が高く、明治三三（一九〇〇）年に日本初のＳＦ小説と言われる『海島冒険奇譚　海底軍艦』を文武堂より出版し大人気を博す。その後も、ＳＦ小説、冒険小説の大家として、出版する本は、どれも大ヒットする押しも押されぬ人気作家であった。

押川春浪著『海底軍艦』初版表紙

今回の『心身強健術』という書名は、この春浪が「精神力をもって、各主要筋肉と内臓とを、鍛錬するのであるから、単に身体だけの問題じゃない。だから、心身強健術の名称が、最も適当だろうと思う」と、名付けたものであった。また春浪は、この書に跋文を寄せており、そこには、「本書によって強健なる身体を養うと同時に、豪壮なる精神を練り、国を売る泥棒なんかは片っ端から張り倒してしまわねばならぬと思う」と、いかにもバンカラな春浪らしい文章を寄せている。

先にも触れたように、この書はすでに『二六新報』に連載されていた当時より、人気を博していたものであり、それに加え、当時の冒険小説、ＳＦ小説の泰斗の命名と、跋文を冠したことにより、初めからヒットする要因に恵まれていた訳である。

当時の批評に次のようなものがある。

ニコニコ雑誌記者　神奈倉白雨
『川合式強健術』というのは、正確にいうと、川合春充という人の発明考案した強健術であるが、これが、世間に認められるに至ったのは、比較的最近の事である上に、その知られている範囲も、今の所では、余り広くないようである。もちろん、川合氏自ら筆を執った『心身強健術』という四百六十四頁からの本が、本年三月に、武侠世界社から出版されて、それがすでに、七版を重ねているし、それに、この本の原稿というのが、昨年の七月から三ヶ月に渡って、二六新聞紙上に掲載されたものだというから、世間に知られることが少ないといっても、それは比較上のことで、読者諸君のうちでも、以前から体得実践しておられる方も少なくあるまいと思う。が、いずれにしてもかの二木博士の『腹式呼吸法』や、岡田虎二郎氏の『静座法』のようには行き渡っていない。言わば、その天下によく知る人の少ない所に、紹介の必要もあるようなわけであるが、私がここに筆を執るにいたった一つの有力な理由は、この『川合式強健術』は、強健術として、ほとんど『理想的』のものである。…何人に向かっても、何らの危険、何らの例外を設けることなしに薦めることが出来るという点にあることを、特記して置きたいのである。（中略）この『川合式強健術』だけは、十分の責任を以って推薦することが出来る。私の理知的判断と、少しではあるが、自ら試みた経験とによって十分に責任を以って社会に紹介する価値あることを認め得たのである。（強い身体を造る法）

これを読むと、「強健術」は、ヒットしたとは言え、二木謙三《ふたきけんぞう》の「腹式呼吸法」、岡田虎二郎《おかだとらじろう》の「岡田式静座法」ほどは、認知されておらず、これら先輩格の健康法の後塵を拝していたことがわかる。また、当時の健康法が、発案者の名字をとって○○式と呼ばれることが多かったため、『心身強健術』が出た頃すでに、春充の姓を冠した「川合式強健術」と呼ばれていたことも見て取ることができる。そして、ここでは春充の「強健術」にのみ見られ他に見ることのできない特徴を的確に紹介している。

しかし、本当の所を白状すると、その当夜の気分は、私自身に練習してみようとか、これを雑誌に紹介しようとかいう程度までに興奮してはいなかった。というのは、今、世の中に発明されている『強健術』と名のつくものは、百種以上もあろう。それらは、皆等しく、立派な理論に立脚し、そして、その発見者、鼓吹者というような人は、皆一様に、立派な体格を持っているが、サテ、他の人が、それを実行するとなると、どうも本に書いてあるようには行かない。第一のサンドウ、第二のベークマンというような人は、中々出て来ないようなわけで、普通の人には中々悟了体得することが難しい。本当にその方法を体得し、実行を支持してゆこうというには、やはり、自ら商売人的に、四六時中それに没頭していなくてはならぬというのが多い。この川合式も、やはり、それではないか、と内々思ったからである。所が今回、氏の強健術を紹介するの責任を負わせられて、氏の著書を熟読し、僕自ら真っ裸になって、氏の指導の下に、一々その運動を実験して見るにおよんで、始めて『これならば大丈夫』という自信を得た。ニコニコ記者として、責任ある筆を執ることができるという安心を得たのである。（強い身体を造る法）

これまで世に紹介された、健康法、養生法は著者の言う様な効果が実感出来ないが、春充の強健術は、効果が明らかに実感できるので、記者として自身を持って紹介できるのだという。

こうした評判のたかまりと共に、各界から強健術の講演会の要望が多くなったことを受け、発刊から二ヶ月たった、大正三年五月九日に、武侠世界社《ぶきょうせかいしゃ》賛助、健真会主催の「強健術実験大会」が、神田青年会館において開催された。

その様子を当時の記事は、次のように伝えている。

聴衆は開場前から続々とつめかけて、一時間前にもう、満員となってしまった。一番目に着いたのは参謀肩章を付けた、十数名の海陸軍将校と、数名の僧侶であった。始めに、川合氏と同郷の人で、竹馬の友であった所の渡辺桂花《わたなべけいか》（現三重県桑名高等女学校長）君が、川合氏の一家が虚弱人ばかりで八人の骨肉が、相次いで病のために倒れ、大工が庭の一隅で、よく棺を作っておったことが記憶に残っていること、そして川合氏が虚弱の体躯で、その動作が、すべて婦女子のようであったことを語り、それが苦心惨澹の結果今日の頑健体となった経路を物語り、聴く者をして、一種森厳の感を起こさせた。

こうして、川合式強健術実験大会は、大喝采をもって、午後四時半、閉会を告げた。

ちなみに記す。氏の著書心身強健術は医界、および、陸海軍人間において、非常に珍重されている。さきには逓信省、為替貯金局長、管理部長がわざわざ氏を逓信省に招いて、数十名の高等官と共に、練修せられたが、今度は、商船学校において採用することになって、校長石橋海軍中将、および元官軍兵学校長であった、山下海軍中将より讃賞された。また、実費診療所の院長加藤時次郎《かとうときじろう》氏は、この方法をもって最も有効な体育法と確信すると言われ、氏の体格は理想的で、解剖すれば筋肉は一枚一枚たやすくはぎ取ることが出来ると賞賛された。五月十五日新橋倶楽部に氏を招いて実験したが村井弦斎《むらいげんさい》氏夫妻、小杉天外《こすぎてんがい》氏夫妻ともわざわざ見えられた。そして近々のうちに練修会を催すことになっている。

（強い身体を造る法）

6　広がる人脈

上記「強健術実験大会」において、目だった聴衆は、陸、海の軍人と僧侶であったという報告は、強健術に最も関心を持っていた階層が、実用性を重視する軍部と、精神性を重視する宗教家という、およそ両極に位置する幅広い層であったことをうかがわせ、強健術がフィジカルな面と、メンタルな面の両面を兼ね備えている点がこの様な関心を呼び起こしたものと考えられて大変興味深い。そして、医療界、陸軍、海軍、逓信省、商船学校など公的機関で採用されるに至って、強健術はその実用性と、有効性を社会的に公認されたといって良かった。

ここに名の出てくる石橋甫《いしばしはじめ》海軍中将（一八六二〜一九四二）は当時、船内の狭い空間で道具も必要なく、短時間で毎日行える体育法を模索していた。しかし、これまで世に出てきた、腹式呼吸法とか静座法は、その目的が内臓の操練と精神の沈静であり、筋骨を鍛えることが出来ない弱点を持っている。また、実行するのにまとまった時間を必要とするので、多忙な船上では実行が困難であるなどの不満を覚えていた。そんな時『心身強健術』を読み、理想的な運動法であるとの感触を得たが、実際に効果があるかどうか不明であった。そこで、元海軍兵学校長の山下中将や、砲術学校杉本幸雄大尉などの運動法の専門家に聞いたところ、二人とも強健術は、非常に合理的で効果が高いと保証した。そこで、上記の講演会のあった五月頃、直接春充を商船学校に招聘して、教えを請いその効果を実感した。そこで、教員と学生に学ばせることにしたという。石橋は、強健術の小冊子を作成して学生に配布し、強健術を商船学校の体育課に採用した。彼は、次のように強健術を評価している。

まず自分としては、これが将来船員としてやる上において、一番効果があろうと思う。それで諸君も非常に体育に心掛けがあったならば、卒業してから陸にいると海にいるとを問わず、朝五分、晩五分、つまり一日の中に十分の時間をさけば良い。何の設備も必要なく、素手でやることが出来てその効果は非常に大なるものと言うことを考えて見たら誰でも喜んでやることと思う。（心身強健術）

7　加藤時次郎

また、さきの批評にも名が出てきた、実費診療所の所長加藤《かとう》（後に加治《かじ》）時次郎《ときじろう》（一八五九〜一九二三）という医師が、強健術を「最も有効なる健康法」であると評価している。この、加藤時次郎も二木謙三《ふたきけんぞう》とともに生涯春充を最も良く理解した医師の一人である。

加藤時次郎（出典：加藤時次郎）

加藤は、安政六（一八五九）年豊前国田川郡香春村（現在の福岡県香春町）に生まれる。十六歳の時、長崎医学校で正則ドイツ学を学び、十八歳で上京、大学医学部予備校、外国語学校、警視裁判医学校などで医学、ドイツ学を学び医師として開業、その後ドイツへ留学しエルランゲン大学、ブレスラウ大学に学ぶ。そして帰国した明治二十三（一八九〇）年三十三歳の時、東京京橋に「加藤病院」を設立する。

加藤は、常に医療を社会との関連で考察し、加藤病院を単なる病院にとどめず貧者、薄給者救済のため、彼らには医療費を低減あるいは無料としていた。このように社会問題を医療と結び付ける加藤はやがて、幸徳秋水《こうとくしゅうすい》、堺利彦《さかいとしひこ》、片山潜《かたやません》などの社会主義者、矢野龍渓《やのりゅうけい》、黒岩涙香《くろいわるいこう》などのジャーナリスト、内村鑑三《うちむらかんぞう》、国木田独歩《くにきだどっぽ》などと交流をもつようになり、民衆の貧困問題、衛生問題を様々な実践活動を通して解決していこうとする。このように考える彼は、初期社会主義の保護者として、幸徳秋水、堺利彦らの『平民新聞』の創刊に資金援助し、「平民社」の相談役にもなっている。

その後、一九一一（明治四十四）年に加藤は、自らの理念の実現として「実費診療所」を開設する。それは、単なる慈善的医療救済事業ではなく、その名の通り利用者は最低限の実費を負担することによって、彼らの独立心、自助心をうながす意図があった。また、診療所設立のみならず、現在の生活協同組合（生協）の先駆けとなる、物資の共同割引購入を行う「生活組合」、心身ともに困窮した労働者に義太夫、講談、落語、浪花節、芝居などの娯楽を安価に提供する「みのる会」の開催、労働者の啓蒙と自らの主張を掲載した機関紙『月間　生活《くらし》の力』を発行するなど多彩な活動を行う。

このような活動は当時の医師会の猛烈な反対運動を引き起こしたが、加藤は、ひるむことなく、さらに一九一五（大正四）年「実費診療所」から独立した「平民病院」を開設する。この病院は、外科、整形外科、皮膚科、内臓外科、産婦人科、エックス線放射線科、細菌試験科などを持つ総合病院とし、午前八時から午後九時まで診察を行うなど、その名の通り一般労働者の利便を図ったものであった。さらに、薬を安価に提供する「実費調剤所」、平民の権利を擁護し法律上の相談が行える「平民法律所」、安価に栄養のある食事を提供する「平民食堂」、「平民パン食堂」などを設立し、主に都市部における中産階級以下の弱者の救済事業を精力的に行っていた。

春充が加藤と出会ったのは、大正三年の五月のことである。加藤が「実費診療所」を開設してからおよそ三年が経ち、春充は三冊目の著作『心身強健術』を出版して間もない頃である。春充は、その出会いを次のように記している。

本年五月某日夕刻、私は親友中村金蔵君に伴はれて、茅ヶ崎の別荘に始めて加藤先生と相見るの機会を得た。希望によって、強健術練修法をお目にかけ簡単な説明を加えた。その間約十分間に過ぎなかった。しかし、先生は「最も完全、有効な健康法と確信する。これの普及に力を尽くしたい」と語られ、すぐに病院の一室を分割して道場にあてる事を決定された。のみならず、翌朝になると突然、無条件で私を養子に望まれた。

くちばしの黄色い貧乏学生を、まるで長年の親友のように思って下さるお気持ちには感動せずにはいられない。ただ、浅学、劣才の身、この信頼と愛情にむくいることができないのを恨むだけである。先生が、先帝陛下の貧民施療の御詔勅に感激して、実費診療所を起こすと、天下の医師達は騒然としてこれに反対し攻撃したが、先生の一片同胞を思う熱情は、断固として初志を翻《ひるがえ》さなかった。その真相は、ようやく世の知る所となって、今や、日々、優に二千人の患者を取り扱うに至る。大正四年度には、その数実に七十万人の多さに達した。大隈伯。柳原伯。土方伯。鎌田慶応学長。高田博士。天野博士。加納子《かのうし》。清浦子《きようらし》。末松子《すえまつし》その他朝野の高貴な方々、名士達は実費診療所の賛助である。（強い身体を造る法）

このように加藤は、初対面にもかかわらず、強健術の有効性を確信し、病院の一部を強健術道場として提供することを即決した。その上、春充を養子にまで望んだという一方ならぬ入れ込みようであった。春充は、養子の話を聞いた時、「感激を通り越して、むしろ唖然としてしまった」という。加藤は、強健術を次のように評価している。

医者の職務は、社会に多くの病人が出来ないよう努める事にある。それならば、医薬によらずして、健康を得る方法があるとしたならば、精密にこれを吟味し、これを批評して世に紹介する責任があることを信ずる。自分はこのような観念のもとに立って、大いに『川合式強健術』を鼓吹しているものである。自分が、初めて川合氏の『強健術』を実際に見たのは茅ヶ崎の私宅においてであるが、その方法のきわめて簡単であってしかも科学的な点は、確かに社会一般に推薦する価値あるものと確信した。そこでただちに道場を病院内に設けて、短時間内にその術をなるべく広く世人に教授させることにしたのである。

（強い身体を造る法）

これは加藤の発行している雑誌『生活《くらし》の力』に掲載された批評である。加藤は、強健術が「きわめて簡単であってしかも科学的な点」を評価している。このことについて、さらに加藤は次のようにも述べている。

ただ近頃健康法なるものがほとんど一種の流行物となって、子供だましのような無意味の体操や、怪しげな治療法などまでが、ことさらに神秘的粉飾を施されて、民間に持てはやされていることは喜ぶべきであろうか？それとも憂うべきであろうか？ところが川合氏の『強健術』の、世に勧むべき所は、その徹頭徹尾、理学的な点にある。欧州最近の医界を見ると、今やすでに科学的強健術、理学的療法に傾きつつある。自分は不健全な不徹底な、いわゆる強健法を喜ばないと共に、また何でもかんでも、薬で治すという、今日の医薬万能主義にも反対するのである。（強い身体を造る法）

加藤は、現在流行している健康法、呼吸法、養生法などのほとんどが科学的根拠薄弱なまま、世間にもてはやされていることを批判し、春充の強健術は、「徹頭徹尾、理学的」であると評価している。また、根拠薄弱で、庶民を欺く健康法には反対だが、しかし単に科学的であるというだけの医薬万能主義にも反対している。庶民に寄り添い、臨床経験を豊かに積み上げてきた医師の意見としてバランスの取れた視点と言える。春充も、治病などの現世利益を謳《うた》う宗教や詐欺的な健康法などを強く非難しているが、そのような点も、お互いに共鳴しあう要素であったのであろう。そして加藤は、強健術の本質を次のようにも指摘している。

今、川合氏の強健術は、源を武士道に発して、武術の根底を摂取し、さらに、あらゆる体育法、運動法、健康法の粋をとり、これを生理、解剖に照らして、自己の啓発した所を加え、多年の実験によって、結晶したもの、根本を捉えると共に、その研究は飽くまでも精密に掘り下げている。よく科学的であると共に、またよく精神的である。私が、科学者の立場より、社会のため、大いにこれを、推奨しようとする理由はこれに他ならない。（心身強健術）

このように強健術の本質を的確に評価する加藤の視点は、常に社会的弱者にそそがれていた。そのような加藤は、春充を一目見て、その人間と強健術の真価を見抜き、協力を申し出たのであろう。その時の様子を次のように語っている。

私に会って、私の運動を見て、簡単な説明を聞かれただけであって、なんら私について、ご存じの所はなかったのである。ただ私の眼を見て、私という人間全体が解ったと言われた。（聖中心道肥田式強健術）

春充の目を見ただけで、その人物が解ってしまったという。後に、春充の強健術を「動的禅」と評した、禅界を代表する飯田檔隠《いいだとういん》は加藤と春充の出会いを、次のように評している。

「加藤と言う人は、有名な人でしたが、そんなに、偉かったですかねえ。遥かに見えておった。あなた

の体に、宿っておった道が、見えたのだ。加藤と言う人は偉い」（聖中心道　肥田式強健術）

このように春充の人物を瞬時に見抜いた加藤は、春充の兄信水《しんすい》とも親交を結ぶようになり、やはり信水の目を見ただけでその人物を高く評価している。

後私の兄と会われ、一見してまた百年旧知のような交わりを結ばれたが、その感想を私に語られたことがある。『川合先生のアノ清らかな眼を見ただけで、どんな人でも皆んな、感化されてしまう』

（聖中心道　肥田式強健術）

春充の人物と強健術の真価を認めた加藤は、「病院の一部を強健術道場として提供することを約した」のであるが、この道場は、強健術唯一の道場として、大正三（一九一四）年より七年間続けられた。その間大正六（一九一七）年に、春充は伊豆の肥田家に婿入りし、道場で直接教えることは無くなるが、加藤は、助手に手伝わせ、強健術の普及に努めた。ここで強健術を学んだ人々は、北海道から九州まで全国にわたり、さらには遠く満州、中国からも教えを請う人々が押し寄せたという。

この道場は、「川合式練修会」と名付けられ、「京橋区木挽町六丁目十番地　平民病院道場内」にて毎週、火曜、木曜、土曜（後に日曜）の朝七時半より教授が行われた。そして、会費は実費的に極めて低廉なものであったという。この道場において、病弱者や婦女子をはじめ、様々な身体状況の人々に強健術を教える中から、それまでの強健術を大きく改訂した新たな強健術が生まれるのであるが、この新たな強健術については、後に詳しく触れてみたい。

平民病院（出典：加藤時次郎）

8　村井弦斎との出会い

加藤が行っていた社会改革事業の一つ、労働者に娯楽を提供する「みのる会」については先に触れたが、この「みのる会」において、春充は当時の大ベストセラー作家　村井弦斎《むらいげんさい》（一八六三〜一九二七）と出会う。

村井弦斎（本名寛《ゆたか》）は、文久三（一八六三）年、三河国豊橋（現在の愛知県豊橋市）に生まれる。後に東京に移転し、東京外語大学校（南校）に入学、ロシア語を学び、明治二十一（一八八八）年二十五歳の時、郵便報知新聞（後の報知新聞）社主矢野龍渓《やのりゅうけい》（一八五〇〜一九三一）に見出され新聞小説家としてデビューする。ここで、明治最大の長編未来小説と言われる『日の出島』を連載、これに続き村井の名を一気に高めた『食道楽』を連載する。『食道楽』は、東京の上流家庭を舞台にした恋愛小説の形を取りながら、和・洋・中の六百を越えるメニューとその調理法、食材の見分け方、栄養学的効能、病人食や栄養食、季節料理、伝統料理の歴史的背景、はては台所の道具・設備や害虫駆除法、衛生学まで、およそ食と名のつくことがらはすべて網羅されている、さながら食に関する百科全書ともいうべき型破りな小説であり、それが単行本となると爆発的なベストセラーとなる。そ

村井弦斎

の売れ行きはすさまじく、わずか六ヶ月で三十版を記録した。そのため、市場から本のカバー用の紙と綴じ糸が払底し、本の刊行が間に合わなくなり、本屋の小僧たちは、増刷本が届くと取っ組み合いの喧嘩までして本を奪い合ったという。さらにこの『食道楽』は、一種の社会的ブームを巻き起こし、登場人物の名を冠した食堂が出現し、『月間　食道楽』という日本初のグルメ雑誌が創刊されるなどした。

この『食道楽』の印税により、村井は平塚に一六四〇〇坪の広大な土地を入手し住居を構え、そこに野菜畑、果樹園、草花園、促成園（温室）、家畜小屋を造り、食材を作り出す所から『食道楽』の世界を追求するようになる。明治三十七（一九〇四）年、村井四十一歳の時である。

この二年後（明治三十九年）に村井は医師加藤時次郎《かとうときじろう》と出会う。この年村井は、実業之日本社が発行する『婦人世界』編集顧問に迎えられており、加藤は『婦人世界』の主要執筆者でもあった。後に村井は、「平民病院」を支援し、加藤と家族ぐるみの交際も深めるようになって「みのる会」に招かれることもあった。春充が、加藤と知り合ったのが大正十四（一九一四）年の五月、その五月一七日に新橋倶楽部にて行われた「みのる会」において、春充は強健術を実演し、そこで村井に紹介されることになる。

その時の出会いを、村井は次のように記している。

私は先年川合春充君の心身強健術という一書を読んで、その術が最もわが日本人に適すると思い、青年子弟と共にその書について川合式の運動法を研究した。数ヶ月後に初めて親しく川合君に接し、その技その法を目撃して、君が実にこの道の名人であることを感じた。

川合君の強健術は西洋風の体育と東洋風の武術とを融和させて、これに自家の考案を加味したものである。その方法においてはほとんどあらゆる運動法の粋を集め、しかも短時間にこれを実施し得る点が最も世人の練習に適している。（心身強健術）

また、春充は当時を次のように振り返っている。

村井先生は某月某夜、新橋倶楽部において私の強健術の実演があることを聞いて夫人と共にわざわざ平塚より来られ、一見して非常に喜ばれた。九月五日、先生の愛児に、強健術の教授を依頼されて私は平塚に赴き、伝修のかたわら体育衛生の御高説を聞くと、一つとして私の心中に共鳴を感じないものはなかった。夫人が温良で、家庭が清新な様子に、私は天国に遊ぶの感があった。子女に対する体育機関としては室内運動場、玉突、馬、弓などがある。長女米子嬢（十四歳）は先天的に運動家としての素質が有り、強健術を会得するのが速いのには驚いた。先生は鋭敏に、私のすべての動作を観察され、甚だしいのは、私がはいた下駄に残る温度までも調べられ、そして曰く「あなたのことを各方面から書いたら一千頁位の本はすぐ書けます。」

私は笑って曰く「そんなにいじめられると、もう参りません。」と。先生は『婦人世界十一月号』に強健術について、意見を発表されるとのことである。（心身強健術）

後に村井は、さらに食の研究を深めて断食を実践しその詳細なレポートの本『村井式断食療法』（実業之日本社　大正六年刊）を刊行した。さらに奥多摩の御岳山に籠り、自然食を追求するなどし、春充の天真療法の食養に多大な影響を与えることになるが、これについては後述する。

9　村井弦斎が指摘する強健術の特徴

先の引用にある『婦人世界十一月号』に村井が載せた記事は、強健術の特徴を非常に解り易くかつ的確に述べている。以下に、引用しながら、強健術の特徴を見ていきたい。

まず、強健術の第一の特徴として、「腹力」を基礎としていることを強調している。

川合君の強健術はどのような特徴があるかというと、

第一は何の運動にも腹力を基礎としてある事です。これは西洋風の運動法と正反対で、西洋の運動は手を動かす時には手に力を入れる、首を曲げる時には首に力を入れると、こういう風になっておりますけれども、川合式ではどのような運動を起こすにもまず腹に力を入れる。腹の力が充ちた勢いで、手や足はその腹力の余勢をもって無意識のように自然に動くのです。そこで気が満ち精神が至るところに、気合をかけると、心身合一、元気旺盛、鬼をもくじくような勢いが何人にも生じます。（強い身体を造る法）

ここでは、強健術の身体の操作法について、最も重要な点が指摘されている。それは、強健術の身体運動は、

「どのような運動を起こすにもまず腹に力を入れる。腹の力が充ちた勢いで、手や足はその腹力の余勢をもって無意識のように自然に動く」という点である。そしてこのような身体操作法は、西洋の運動法には見られないものであるとも述べている。

しかし、ここで指摘されている西洋の運動法とは、現代の我々が当たり前に行っている身体操作法そのものでもあり、むしろ腹に力を入れてから手足を動かすという身体操作法は現代には見られない。そして、ここで指摘されている、西洋人と現在の我々が行っている方法には無い身体操作方法そのものが、強健術の最も重要かつ特徴的な身体操作方法なのである。それが「腹力」、「気合」であり、後の「中心力」に連なるのである。

多くの方々は、手を動かす時に、なぜ直接関係ない腹に力を入れるのか疑問に思われることに違いない。実は春充にもプロトタイプの「原強健術」を考案した頃は、この発想はなかった。以前にも指摘したが、「腹」に力を入れてから、身体の他の部分を動かす方法を春充に示したのは、押川方義《おしかわまさよし》であった。西洋人や現代人のように「腹」に力を入れずに、手、脚に鉄亜鈴などの負荷をかけたり、激しく運動すると、内臓に障害を起こし短命に終わることなどが起こる。この「過激」の弊害を避けるため、春充は強健術をはじめはゆっくりと行っていた。これが「原強健術」の特徴の一つである。この方法を教授している際、押川は「腹」に力を入れて、腕を急激に動かしたのであった。春充は、その時のことを次のように振り返る。

先生はもと武術の達人、その腹よりきた『真の勢い』を見て、私のこれまでの疑問は、ここににわかに氷解し、すぐに少しの躊躇もなく、飽くまでも速度を応用しようと決心したのだった。私は教えに行って、教えを得て帰ってきた。（心身強健術）

槍の実戦経験もあり、真剣での立会の経験もある幕末の武士であった押川の示した日本武士の身体操作法が、「腹」に力を入れてから身体の各部分を動かすということであったのである。

この「腹力」を応用することにより、強健術を行う際、運動を素早く行い時間を短縮することが出来るようになった。また、手、脚を速く動かすことによる、内臓への悪影響を押さえ、さらに各運動の回数を減らすことにも成功したのである。そして、ついには肉体ばかりでなく、精神も腹力（後の中心力）をもって支配することに成功することになるのである。このような強健術の最も重要な点を、村井は第一に指摘しているのであるが、正に卓見であると言える。

村井は、腹力について次のようにも、解説している。

腹部の緊張を主動力とする事、世人が手や足を動かす時、手の先や足の先へ力を入れると、その時は腹の力が抜けて、腹部が小さく引っ込むものです。そうなると中心力が外に移動して、手や足の働きが無理になります。何の運動を起こすにもまず腹に力を入れて、腹の力が手足を動かすようでなければ動力がありません。（強い身体を造る法）

こうした、腹力を入れて運動を行う方法は、現代では完全に忘れさられている身体操作法であるが、押川が示した通り、日本の武術では多く用いられていた身体操作法であった。また、当時は、武術や芸事を嗜む者には、なじみのある身体操作方法でもあった。これは、先に青年編「第三章　第9節　同時代の丹田の捉え方について」で考察してきたことでもある。たとえば村井の娘は、弓道を嗜んでいたため、腹の力が強く、強健術の修得が早かったという。村井は次のように振り返る。

川合君を私の宅に招いた時、大勢の子供や書生達が皆等しく教授を受けましたが、十四歳になる私の娘が一番に速く覚えまして、川合君の帰られた後には、家族の者が娘を標準として練習しております。子供は骨も筋も柔軟であるために、手足が自由に動けるのと、一つは娘が大弓の稽古を致しましたため、腰の安定と腹の力（傍点著者）が多少人より勝れていた訳でしょう。（強い身体を造る法）

次に村井が指摘する強健術の特徴は、短時間で行うことが可能である点である。

第二に時間を費やさない事です。腹力をもって、身体を動かし、気合をもって筋肉を緊張させますから、短時間で充分目的が達し得られます。運動の方式は十数種ありますが、すべて実行しても五分費やすに過ぎません。朝と晩に五分を費やせば完全な運動が出来るのですから、多忙の人も容易にこれを実行することが出来ます。（強い身体を造る法）

時間の短縮も、その大きな要因は「腹力」つまり「気合い」であることは、先程も触れた。十分程の運動で全身が鍛えられる方法は、サンドウの鉄亜鈴運動法など当時流行した運動法のどれよりも、はるかに短かったのも事実である。

第三に村井が指摘するのは、その運動の方法が極めて自然であり、無理がない点である。

第三に運動の方式が自然に出来ている事です。すなわち生理学上解剖学上から研究して、人間の筋肉の動くべき方向に運動するようになっています。柔道とか剣道とかいうような武技は敵に対する必要上無理な筋肉を動かす場合が生じますけれども、強健術においては無理な運動と無理の労力を省いてありますから、一進一退、ほとんど無駄がありません。誰でもこの運動法を見ると五分の隙も無いと申します

が、実にその通りです。(強い身体を造る法)

この筋肉の自然な運動という項目も、生理、解剖学を基礎とし様々な運動法の不自然な方法、重複する方法を排除し、徹底的にシンプルで効果的な方法を追求してきた強健術の大きな特徴であることは言うまでもない。

その次に村井が指摘する第四の特徴は、強健術が筋肉の発達ばかりではなく、内臓の健康にも大いに効果がある点である。

第四に、内臓の強健を一大主眼としてあることです。従来の運動法はとかく内蔵という事を閑却して、身体外部の運動にのみ注意してありますが、川合式は腹力に重きを置く程ですから、運動の四大要件として内蔵の壮健を挙げてあります。これは最も日本的で、我々日本人に適するゆえんでありましょう。四大要件は内臓の強健、体格の均整、筋肉の発達、動作の敏活ということです。(強い身体を造る法)

内臓の壮健も初期は、腹式呼吸と、胸式呼吸によって行っていたが、「腹力」を用いることにより、強健術の運動を行うことそれ自体が、内臓を筋肉と同時に鍛えていくことになったのである。これも強健術の大きな特徴の一つである。

最後に村井が指摘している点は、次の通りである。

第五に精神が爽快になることです。腹に力を込めて気合をかけるという運動ですから、これを実行すると誰でも意気天を衝くの心持ちになります。神経衰弱や憂鬱性の人がこの運動法を実行したら、満一ヶ月にして楽天家と変じましょう。（強い身体を造る法）

ここで指摘されている点も、強健術の「腹に力を込め気合をかけるという運動」の最大の特徴といっていいであろう。

以上のように、村井は的確に強健術の特徴と効果を評価している。この批評を載せた雑誌は、『婦人世界』であり、その題名の通り、婦女子を対象にした雑誌である。これからも、わかる通り村井は婦人にも無理なくできる運動法として、強健術を紹介している。事実、三十台の病身の女性が、書物だけをたより強健術を行い、四ケ月後には、見違えるほど元気になり家人も信じられない様子であるとの手紙も紹介されている。

また、春充は、女性でも出来る強健術として、村井の細君に、寝た状態で行う呼吸法を紹介した。そのことについて村井は、次のようにレポートしている。

まず、その手始めとして私の妻は川合君に床上の運動法という事を教えられました。つまりどのような婦人でも、朝と晩に寝床の中で実行し得るものならば誰に奨《すす》めても必ず行われるだろう。起きてから練習する方は特別な努力を要するけれども、床上の運動法は最も簡易であろうという趣旨で、川合君から伝授されたのです。（強い身体を造る法）

さらに、強健術道場を提供した医師加藤時次郎《かとうときじろう》の妻も、強健術を実行し、その効果を実感した女性の一人である。彼女は、強健術の感想を『報知新聞』紙上に次のように述べている。

私の主人は非常に川合式強健術を賞賛しております。現に病院の近くに道場を設けて、虚弱な方々のために公開しておりますが、私もついこれを練修してみたいという気になったのでございます。そしてずいぶん強いやり方をも習ってみました。それがために、体重もめきめき増えてまいりましたが、最も愉快なことは、気分のサッパリすることでございます。（中略）そして腰がすわり、胸が開きまして、ズッと上体を起こしているのが大層楽になりした。そして脚に力が出来ましたから、ちょっとくらい突かれましてもよろけませんし、電車に立っていまして、曲がる時でさえジッと呼吸を定めますと平気でいられます。また、この運動をやりますと、頭が重いの、肩が凝るのなどということは無くなりますから、私も按摩の必要が、絶対に無くなりました。（川合式強健術）

この文章で、「随分強い遣り方」と述べているのは、脚の踏み付けを行う「気合応用の強健術」であり、『二六新報』の記事および『心身強健術』で初めて紹介されたものである。この運動法は、かなり激しく動くものであるが、当時女性でも行っていたことがわかる。また、村井の記事において、彼の娘が最も早くマスターしたというのもこの強健術であった。このような実例から村井は、春充の強健術を、女性にも行える「最良最善の強健術」と大絶賛している。こうして当時の大ベストセラー作家である村井の推薦記事により、強健術は益々有名になり、ブームはさらに拡大していくことになる。

10 「利動力」の応用

村井の解説でほぼ強健術の特徴は言い尽くされた感があるが、実はこの第三冊目の著作『心身強健術』において初めて登場した強健術の重要な技術がある。春充はそれを「利動力《りどうりょく》」と名付け、次のように解説している。

物が動く時には運動律を生ずる。これを利用すれば、重い物でも、軽く取り扱うことが出来るし、強い者でももろくなってしまうのである。たとえば、商店の小僧が、樽や俵などを、横に回してこれに運動を与え、その瞬間における力を利用して軽々と取り扱うのもその一例である。柔道や相撲で敵の加えて来る力を利用して投げ飛ばすのもやはりそれである、私は『強健術』の練修法で、力を入れるのに、この利動力ということに気がついたのである。そうしたら一層、無理のない、自由な、楽な運動をする事が出来た。すなわち自然体のまま体を動かすのである。その惰力でなお動こうとするとたん、急激に踏み付けて、腹筋を猛烈に緊張する。それと同時に、目的の筋肉に全力を込めるのである。(心身強健術)

この解説では、今一つ「利動力」の意味が分かりづらい。実は、この「利動力」は『青年編』で「気合」、「瞳光《どうこう》の不睨《ふげい》」を考察する際に触れた巽来次郎述『体力増大法』という本の中に出てくる「利勢力《りせいりょく》」の概念をそのまま借りてきたものである。『体力増大法』の中では次のように「利勢力」について解説している。

およそ物体には皆運動律があって、その運動の力を利用すればどんなに強いものも脆《あやう》いものとなるから、「他の物体が有する運動律を利用する法」がつまり利勢力というのである。（体力増大法）

このように解説してその具体的方法として相撲の「ハタキ込み」とか「スカシ」などの手を挙げている。また、水に浮かべた西瓜を水面に対して垂直に回転させ、回転方向と反対方向に二本の指で叩くと簡単に西瓜が割れる現象や、春充が酒屋の小僧の例を出している様に樽を横に回して回転させその勢いを利用して酒樽を取り扱う様や（ただしこの部分の物理的な解説はやや怪しい）、俵を担ぎあげる際、そのまま持ち上げるのではなく縦に回転させその勢いを利用して担ぎ上げる方法などを挙げている。また、次の例はこの「利勢力」がどのようなものであるのか比較的理解しやすいのではないだろうか。

スイカを割る図（出典：体力増大法）

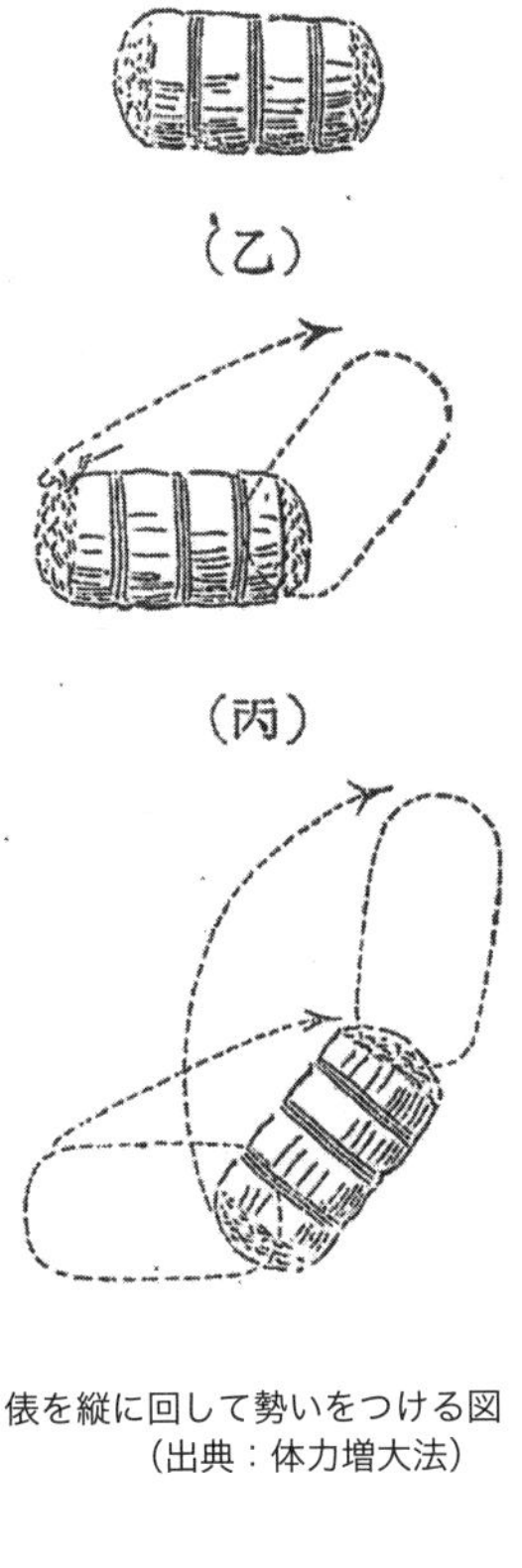

俵を縦に回して勢いをつける図
（出典：体力増大法）

汽車に乗っていて、もし突如として汽車が止まったならば、中の人が進行力と同量の運動を受けるから激しく前方へ倒れる訳である。（体力増大法）

この例から明らかなように「利勢力」（勢いを利用した力）＝「利動力」（動きを利用した力）とは、「慣性力」のことである。強健術においては、身体を回転させたり、前へ踏み出したりして身体に勢いをつけ、その後足を踏み付けてその回転や前に出る運動を止めた時に生じる惰性の力（慣性力）を利用して強健術の運動の助けとしているのである。春充は「利動力」について次のようにも述べている。

利動力（惰性と反動）を応用して、動作を美術的に、リズムをつけて行う。熟練すると、自然とそうなる。（体格改造法）

ここでは明らかに「利動力」を「惰性と反動」と言い換えている。この「利動力」を生み出すため体を回転させたり、前へジャンプしたり、大きく前へ踏み出す動作は『心身強健術』で発表された「気合応用の強健術」に導入され強健術の動きを躍動的に変貌させるとともに、動きをストップさせる際に足を踏み付けることにより、大きな「腹力」（後の「中心力」）を生み出すことも出来るようになり強健術を進化させる重要な要素となっている。

11　父の死

『心身強健術』がベストセラーになり、強健術が大ブームとなった大正三（一九一四）年はあわただしく暮れた。翌大正四（一九一五）年一月、年があけたばかりの二日夜十時半、上京していた春充の元に、「チチ　ビョウキ」の電報が届く。春充は、急遽新宿より大月行きの三等列車に飛び乗り、大月についたのは、夜半であった。それから、夜空に黒く聳える岩殿山の上に瞬く星を仰ぎながら約十六キロの道を徒歩でたどり、実家についたのは、まだ夜も明けきらない朝の六時。実家では、人事不詳となった父が床中に昏々と眠っていた。

その日春充が、木綿の着物を着て父の枕元につくねんと座っていると、隣家の婦人がやって来て、さめざめと泣きながら次のように話した。

「昨日私は、ちょっと体の工合が悪かったものですから、うちの子供を薬を貰いによこしますと。先生は、よほどお苦しかったと見えて、婆やの肩に寄りかかって薬を盛って下すったそうですが、そんな事をなさらなければ良かったのに」（強い身体を造る法）

と、話し泣き臥したのであった。

その日の夜、立玄《はるつね》は死期を悟ると、駆け付けた信水《しんすい》と春充に次のような教訓を話して聞かせた。以下、その訓話と死の様子を春充の文から引用する。

◎道を行い、徳を樹《た》てるのが、最上の孝養である。これは親の生前死後、ともに行い得るものである。
◎一人の徳行は、百万の兵力に勝る。
◎『モーセ、カナンの地を望んで死せり』。人世のことはすべてそうだ。おのれの死ぬのを、残念に思うには、およばない。苦痛の取れる取れないは、天命だ。
◎キリストが殺される時に、『我すでに世に勝てり』と仰せられた。誠に恐れ入った言葉である。この意味における勝利者になってくれよ。
◎自分が得たことは、思うにおよばない。ただ足らない所を見出して、その方へ進まなければいけない。謙遜の心を失った時は、退歩の時だ。
◎『八百嘘を上手にならべても、誠一つにはおよばざりけり』。どんな場合でも、ごまかしを言ってはいけない。
◎某家と某家とは、仲が悪くて困る。何とかして融和させてやりたいものだ。
◎某は泥酔すると、槍を持ち出して、振りまわすそうだが、あんなものは折って、燃さしてしまうといい。
◎某の子供は、親を粗末にしていけない。よく諭《さと》してやるがよい。

◎死んでも泣いてはいけない。そんなことは嫌いだから。
◎『父よ、彼らを許し給え。そのなす所を知らざるが故なり』。人間としては言えない御言葉だ。
◎道端の霜柱が、一本一本消えて行く様なものだ。
◎非常に深い谷の底へ、落ちて行く様な心持ちがする。
◎唇が乾いて来た。これはもう血液の循環が不足して来たのだ。
◎顔が冷たくなって来た。
呼吸促迫…長兄耳元に口を寄せて、大声に呼んで曰く、—『大丈夫の生涯』—と。わずかに通じたようであった。身を転じて、母の墓がある、福善寺の方へ、向くと共に、英霊終《つい》に天に帰った。私が額に手を載せたら、もう石のようで、死の冷たさは、潮のように、押し寄せて来るのを、感じた。

私はこの厳《おごそ》かなる父の死に直面して、死別の悲しみも忘れてしまって、一種サブライム（sublime：荘厳）な感に打たれた。潔《きよ》き勝利の生涯、私はある美しい詩をさへ、感じたのだ。私は無意識に独語した。『かえって幸福です。かえって幸福だ…』と。（聖中心道　肥田式強健術）

また、兄が父にかけた言葉を聞いた春充は次のように思った、

『大丈夫の生涯』…オオ大丈夫の生涯、父が八十年の辛苦の生涯は、臨終においてその子より、このように呼ばれたことによって、充分に酬いられたものと、私は感じた。私は悲しい思いは通り越して、一

種の壮烈な感じさえも、浮かんで来た。
よし俺も、卑怯《ひきょう》なことや、穢《きたな》いことは、断じてしないぞ。綺麗に、潔《いさぎよ》く、そうだ。男らしく、健《けな》げに、雄々しく、昂然として、俺も、闘い抜くのだ。倒れたって、敗れたって、飽くまで男らしく、俺は行動するんだぞ。大丈夫の生涯、男らしい生涯、…この他に、私は、何を望もう。（聖中心道肥田式強健術）

また、父立玄《はるつね》は死期を悟った時、一旦春充を枕元から離れさせた。その時のことを春充は、次のように回想する。

父が死ぬ数十分前、私に用を命じて、枕元から離れさせ、正直な雇老人を呼んで、多年地底に秘蔵した、貴重な巻物を、取り出させ、これを某氏に渡して、焼却させたことを、葬儀の済んだ後に、その老人から聞いた時、何だか昔話の中に、入って行ったような気がして、私の胸はときめいた。母を知らぬ子として、父の手一つに育てられた私は、父の愛を一身に集めて、父は何事も、私に打ち明けて、おられるものと思っておった。ところが父は一片の義を重んじて、固く戒め、死に至るまで、その最愛の子にすら、巻物にまつわる秘密を、語らなかったのである。私はここに、活きた武士道的の精神氣魄《きはく》に、撲《う》たれざるを得なかった。（聖中心道肥田式強健術）

立玄は、その医術の実績と、貧しい者からは治療費を取らない方針などから、村の中産階級より下の人々からは慈父のごとく慕われていた。そこで、村の人々は立玄を神社に祭りたいと申し出たが、兄信水《しんすい》がその好意だけを謝してこれを断った。

生前立玄は、信水が彼の転任地京都府綾部で共に住むことを勧めても、「自分に最も良く尽くしてくれた、妻の墳墓の地を去るのを好まないためだ」と、話して小沼《おぬま》の地を離れること拒んだ。立玄は、その妻つねと我が子達が眠る善福寺に葬られた。

墓に詣でる三兄弟、左より信水、春充、真永（不二山荘蔵）

立玄《はるつね》は、村人からその死を惜しまれ亡くなったが、この時他にも立玄の善行に注目していた人物がいた。これは、立玄の墓を毎朝村はずれより掃除にきている渡辺ちか、という女性が後に春充に語って聞かせた話である。

12　山根寿々栄

渡辺によると、山根寿々栄《やまねすずえ》（一八七五?〜没年不詳）という女性が、立玄の徳行を耳にして、墓のある福善寺住職に直接交渉し、立玄の戒名に院殿の号を付けさせたという。そして高尾山の寺院まで行き、『超世院殿釈妙池光蓮居士』と、塔婆に書いてもらいその夜は、高尾山の観音堂に安置して暁に至るまで、その前に端座した。翌朝それを携えて再び小沼におもむき、恭《うやうや》しく墓前に立て、蓆《むしろ》を敷いて正身端座、数時間におよんだという。しかもそれまで、一食も摂らなかったという話である。

山根寿々栄は、当時百十日という断食の最長記録を出して世間の注目を集めていた女性である。鳥取県出身で東京女子師範学校を卒業し、棚橋高等女学校の教諭をしていたが人生に煩悶し、成田山の断食道場の門をたたいた。明治四十三（一九一〇）年六月、山根二十五歳の時のことである。そして、六月十三日から、九月三十日までの百十日間断食と水行、本堂の周りを百回廻るお百度廻りの行を続け、その後高尾山で長年無言の行を修めたという。春充は、大正二（一九一三）年、高尾山に籠る山根を訪問し、その時の様子を『新真婦人』という雑誌に記事として掲載している。当時山根は、女仙人として各新聞に報道され有名になっていたので、彼女に会いたいという訪問者が絶えなかったが、修行の妨げになると言って彼女は容易に人には会わなかった。そんな彼女に会うことが出来た春充が見た山根は、当時二十八歳であったが、二十三、四歳ほどにしか見えず、態度物腰が荘重で、山が崩れても動ずることがない所が見え、しかも頬がふっくらとした美しい女性であった。ことにその澄み透った涼しい目には一種の霊光を宿し、声も清らかに澄み渡っていたという。恐らく、この時に、山根は春充の父立玄のことを知ったと思われる。

その山根について後に春充は、次のように記している。

女子高等師範学校を卒業し、現代の腐敗に失望して死を決し、成田山に籠もって一百二十一日間の断食をして、天来の妙光に打たれて、心機一転し、日本を去って朝鮮に布教を試みたが、感ずる所があって飄然《ひょうぜん》と帰来し、武州高尾山に入って刻苦修養する。時あたかも十月の末。北風が吹き荒れ林の樹すべてが怒るようになる中、雪が打ち乱れて飛び天地も凍ろうとする。妙齢二十五歳の彼女は、八つ時の瀧と称して、夜半二時に蛇瀧にかかる。頑強な修行者と言えども、よく五日間つづく者は稀であるのに、彼女は二ヶ年間一夜と言えども。暴風雨の夜も。吹雪の晩も。ただの一夜も欠かさなかったという。そして今日に至るまで、吹けば飛ぶような、観音堂に籠もって、六ヶ年間。高尾山の俗僧輩。摺指《するさし》村の悪僧らにより、非常な迫害をこうむりながら、ほとんど食わず、眠らない大接心、大苦境を励んでいる。

宗教上おびただしく神秘な経験多く、永遠の生命を把持する彼女は、一見極めて平々凡々、何の奇あることなし。ただ態度が荘重で、肉付豊かに血色美しく、眼睛澄み渡り、音声の朗らかなこと、まるで玉を転がすようだ。かつて東京において、第一流の大宗教家と会見した際、時には明達の士と語ることも必要であると、さとされたのに対し彼女は破顔一笑、辞退して曰く『私は神様と直接談判ですから、仲介者は要りませぬ』と。彼女はさらに日本アルプスの奥深く、分け入るべきだと言う。彼女の人物を惜しみ、社会へ出て働くことを熱望するものが多いと言うが私は、隠れたその力とその光とその徳を尊ぶ。資格なく能力なくして、その位を汚しみだりに人の上に立って騒ぎたがる盲天狗の、馬鹿者多き世の見せしめと嘲りに、高山の奥、草のうちに埋もれて神と語りつつこの世を去ってもらいたい。彼女の修養について驚嘆すべき価値ある多くの材料を持っているが、紙面に余裕がないのを遺憾とする。このようなことは、もとより常道として、人に勧めるべきことではないだろう。また苦行そのものに、人霊を救済する力はない。しかしながら世の牧師達よ、大先生よ、俗僧らよ、道徳の押し売りをするいわゆる修養の士よ、懐手《ふところて》しながら天地の大生命に触れようなんて、あんまり横着すぎますぞ。もう少し真剣本気なれ。自分では寝転んで、人には労働勤勉を説く、利巧な大人物よ。『偽善者よ、まず自分の目から丸太を取り除け。そうすれば、はっきり見えるようになって、兄弟の目からおが屑を取り除くことが出来る（マタイによる福音書　七章五節）』（強い身体を造る法）

また、春充、信水の共通の友人である、中村金蔵も高尾山に籠もっている山根に会いに行き、その時の会見の様子を次のような手紙にしたためている。

世は俗化して行く時に、高尾の堂宇に輝く仙女に会おうとして、その夜一時二十五分浅川駅着。闇を辿って、観音堂に達したのは、二時四十分。堂の中には、灯火がともっている。私の呼ぶ声は届いたようでも、答えがないので、一晩中寺の階段にて瞑想。翌日十時半頃、ようやく、わずかの言葉に接しました。「自分の頭の蠅すら追うことが出来ませんのに、人様にお話申し上げるような事は何もございませぬ」。アア、この清き一日の神秘は、永世《とこよ》の清泉であり、不朽の生命の糧となったことを深く感謝いたします。

（強い身体を造る法）

結局中村は、山根に直接会うことは出来なかった。後に、春充、信水《しんすい》兄弟に直接教えを受けた石川信一《いしかわしんいち》（『晩年編』に詳述）は、晩年の山根に会ったことがあるというが、その目の輝きが常人とは全く違っていたと著者に感慨深げに語ったことがある。

このような山根が奔走して得た、当時一国の城主にしか与えられなかったという「院殿」の贈り名であったが、春充達はこれを丁重に断った。また、愛神堂医院つまり実家は、保存するようにとの遺言であったが。なぜか春充達はこれを守らず、他人に貸したか売却してしまったようである。

翌大正四年八月、春充は山梨県夏季講習会の講師として、高校教師吉田静致《よしだせいち》とともに小沼に招待された。その会場は春充も通った小沼の小学校であった。その日、春充は父と住んでいた実家を密かに訪れたが、そこにはすでに他人が住んでいた。その時の気持ちを春充は、次のように語る。

帰るべき家には、他の人が住まっておりました。
私は今ひとりひそかに、そのなつかしい、わが家の裏の石垣に、しょんぼりと、たたずんでおります。（中略）ああ何という淋しい景色でしょう。今まさに夕暮れの薄絹に、包まれようとする、幼なじみの倉見山よ。三つ峠よ。桂川よ。一乗寺の森よ。ことに―灯が洩れるあの室は、自分が三十余年間。起臥し、勉学し、思索し、運動し、快談した所ではないか。迷った子供が、母の懐に帰ったように、涙は頬に溢れました。……（強い身体を造る法）

このように父の遺言に従わず、実家を他人に貸し、立玄《はるつね》が残した大量の医術の筆記もことごとく反故《ほご》にしてしまったという。なぜ、遺言に従わなかったのか。春充は、断片的にその思いを綴っている。

父が私たち兄弟に望む所は、断じて自己の富貴ではなく、また子供達の栄達でもなく、ただ、世の援助なき者、言葉を発することのできない同胞のために奮闘することにあり。これを最大孝養として要求しているのではないのだろうか。（実験 簡易強健術）

息子は荒れ果てたあなたの墓標を、ただ『弱者の味方、貧民の友』として、名も無き者として飾りたい。（強い身体を造る法）

親の遺言でも、その発した精神を忖度《そんたく》して最も良くこれに添うように努めたならば、たとえ形式を破ったとしても違反ではなく、かえって善くその精神を守ったことになる。（体格改造法）

神の前での誓いを忘れず。父と兄の志を果たそうとすれば、その昔エブロ川南方に進出しようとして、ローマとの不可侵条約に縛られたカルタゴの英雄ハンニバルと同様、私の回天の事業もついには成功は難しい。ああ、私はハンニバルと同じく、条約には背くとしても進んでエブロ川を渡ろう。この時、ハンニバル二十六歳。雄大、壮絶な彼の歴史はここに幕を開き、鉄馬はアルプスの高峰を駆け上ったのであった。（私は、背水の陣によって人生の勝敗に賭けるよりも、進んで困難の多いエブロ川を渡らないわけにはいかない）（体格改造法）

私達は鈍才不憫《ふびん》にして、なにも郷里のためにつくすことが出来ないのは、遺憾の至りではありますが、―さりながらこの世に対処するに当りましては、固く父の遺訓を奉じて正義公道を直進して一歩も譲らず、『アンナ奴らが出ては、この村の恥辱だ』と、我が郷里を辱《はずかし》めるような事は断じてしない。

（聖中心道　肥田式強健術）

そればかりでなく、いやしくも国家において我々の命を必要とする時があるならば、こんなチリのような命はいつでも喜んで投げ出す覚悟と勇気を、・・・私も兄も十分に持っている者であることをここに明言し、そしてこれこそは、諸君のご厚情に報いる最上の道であることを確信するものであります。

（聖中心道　肥田式強健術）

こうして見ると、春充と信水《しんすい》は物質的な財産を引き継ぐのではなく、父の精神を引き継ぐことこそが最大の孝養であると考えたのであろう。また、実際上、信水は京都の郡是製糸に勤務し、春充は東京を根拠地としていたので、家屋の管理などの金銭的、時間的余裕がなかったこともその一因であったと考えられる。

13　父を亡くした悲しみ

立玄《はるつね》の死は春充にとって、大きな衝撃であった。母をわずか数え年七歳で失った春充を育てたのは、立玄であった。病弱な春充に惜しみなく愛情を注ぎ、強健になるための研究を暖かく見守り、必要な書物も苦しい家計の中から買い与えたのも父であった。また病身でありながら病者、貧者のためにつくした立玄の背中は、無言の中に「刻苦勉励」を春充に教えていた。そんな立玄を語る春充の言葉に、しばらく耳を傾けたい。

そして、このおろかで鈍い豚のごとき息子をして『刻苦、勉励』の意気を、常に失わさなかったのは、全く私の父の賜物であった。父は私の誇りである。私の恋である。私の満足、私の希望、私を導く火の柱である。ただ老父の惨憺たる八十年の生涯を思い来れば、凡夫の身の浅ましさに父の真欲求に反いてまでも、一日でも、物質的孝養をしたいという弱い心に堪えきれないことがある。女々しいとあざ笑わないでほしい。私の欲望と、執着はそれのみ。ああ、ただそれだけのみ。私はほとんど毎夜老父を夢見ないことはない。しかもその多くは、痩せた背をさすり、よろめく歩みを助けるもの――ばかりである。時には、病弱の老父を病床にたずね、首をいだいて語ろうとすれば、これは夜明けの夢であり――目覚めると涙で顔中はぬれている･･･涙はどんなにぬぐってもぬぐいきれない。すぐに手紙を連発して父の安否を問うと、かえって私の弱さを叱咤し、あえて断乎として人道の勇士であることを言い聞かせて来る。

ああ、私の父は真に一個の国士である。どうして私のような、役立たずの小人が生まれ出たのであろうか。自ら恥ずかしく、自ら憤り、うつむいてただ唇を噛むのみである。――上天の御恵み、老父の上に豊かであることを心より願うものである――。（心身強健術）

とりわけ、私は老父の広大な慈恩に泣かないわけにはいかない、この研究をすることが出来たのも父のおかげである。私の楽しみは、毎週毎週、父に手紙を出すことの他には何物も無い。もし、父が亡くなったならば、私はもはや、何をする希望も燃えないであろうと思う。そうではあるが、その高恩の万分の一にでも報いるために、私は自らは幸福な生涯を送る権利なぞは無い事を感じている者である。そしてそれが――高潔な私の父が、その愛児に望まれる最終の要求である。私もまたどのような場合でもただ感謝して進み、ただ感謝して、天の杯を受けたいと思う。・・・・たとえそれが甘くとも、苦くとも・・・・。

（心身強健術）

私はしばしば、亡き母の仏壇の前で一心不乱に練修を続けたことがある。あるいは体を打ちつけたり、あるいは強く踏みつけたりして、畳は切れる唐紙は破れる。そしてその座敷の土台木は、ついに折れてしまったのである。その当時は、何のために私がこんな乱暴なことをするのであるかが分からないにも関わらず、私の父は少しも咎《とが》められなかったのである。父は私の誇り、私の恋、私の希望の総《すべ》てである。

（心身強健術）

そんな父の死は、痛恨事であり、心情的には中々受け入れることが出来なかったようである。父の死の直後に出版された『強い身体を造る法』には、そんな春充の心情が切々と綴られている。

昨年一月の今夜は、老父の臨終の枕辺にションボリ坐っておりました。懇々《こんこん》と、遺訓を受けましてから、まさに一年半役立にも立たず、何もしない日々を夢のように過ごした事を思いまして、恥じ悔いる気持ちに堪えられません。何という虫でしょうか、ただ一匹ジイジイと庭で鳴いております。淋しいたらありません。風が時々、ガラス障子を揺すぶります。…（ひとり住居《ずまい》が淋しいのではありませぬ。別の意味で淋しいのです。）…タイムの広野を、更《ふ》けていく夜よ。青葉を包んだ、静粛の神秘よ。それならば、私の心をして、有無の力と冥合させよ。それならば、人生の悲しい歩行者よ。可憐の病友よ。不幸の敗残者よ。生活の場にすすり泣きしている女よ。それならば、御身の面上のハンカチーフを取り去れ。取って御身の涙をおさめよ。この障壁を打破して、力の根源にさかのぼったならば、順逆はないだろう。貧富もないだろう。貴賤もないだろう。苦楽もないだろう。善悪もないだろう。生死もないだろう。一切平等である。一切無差別である。光明の波動があるのみだ。生ける力が静止するのみだ。…今宵はこの世界、それならば、私共は明朝そこで会いましょう。…自己を知らざる子の、妄言をお許しなすって下さい…分裂した心を叩くために…忘却の鉄槌を握って…力の森に立った卑しい青年　大正五年五月五日夜十二時五分（強い身体を造る法）

大正四年一月某日夜―空はどんよりと、灰色に濁っている。荒《あら》らかに梢をゆすぶる風に、夕餐《ゆうげ》をたく家々の煙が、激しく吹きちぎられて、宵闇の中に紛れ込んでしまう。泣きぬれたような月の面には、細い青雲が、からみついております。止めどもなく溢れる涙を抑えて、墓場の隅に佇んだ、独《ひと》りの青年を想像して下さい。

オオ、この底深く、重苦しい土や石をかぶって、横たわり給う父上の、どれほど淋しいことであろうよ。しばしば肩を揉んであげながら、この尊い御身体も、自分よりか先に、土の中へ、入られるのかなあ。その恐ろしい別れは、何日《いつ》だろうかしら。何時《いつ》にせよ。早晩来ねばならぬと。心を痛めながらも。そんなことは、何だか百年も千年も後の事のように思われていたのに、突然、事実となって襲い来ようとは！さても呪うべき『タイムの推移』かな。（大正五年二月五日夜誌　その晩はちょうど今夜のように、木枯らしが吹いて寒かったことよ）（強い身体を造る法）

父の永眠は、私にとっては、最も激しい打撃であった。私の唯一の慰め、唯一の希望、唯一の愛情、唯一の力は全く粉々に砕かれた。私は一人広野に投げ捨てられたように感じた。憐れむべき者よ。私はどこに帰るべきであろうか。神よ。私は慟哭し悲しんで汝の下に行く。汝の勇敢なる僕《しもべ》たちが、かつてそうであったように。私をして、悲愁、寂寞、辛苦、艱難の福音を、感謝する事を得させよ。父の死にあたり、押川先生弔電の終わりに曰く『…勇猛なる神の人たれよ』と。（強い身体を造る法）

たまに自分の研究した事について、褒《ほ》められることがありましても、私の心臓は、ピクリとも踊りませぬ。冷たいことは氷のようです。ただ老人をいたわり、弱者をかばう人情の真美を見ました時こそ、私の心は嬉しさに輝きます。かつて御茶の水橋のほとりで、自転車に乗った若者が、年寄りの乞食に当たって、突き飛ばしたまま後をも見ずに逃げ去ったことがありました。すると商店の、番頭さんらしい人が駈けてきて、きたないボロボロの、着物を着た乞食を起こし、そのほこりを払ってやりました。私は遥かに、この有様を見まして、『世には、かくも親切な人があるものであろうか』と、思いましたら、急に胸が一杯になりました。その瞬間私の目の前には、郷里の老父が浮かびました。そして逃げ去った若者は、まさに私自身であることがわかりました。私は頭を下げました。（強い身体を造る法）

父を失ってから、もう一年たちましたが、よく回復されたところを夢見て仕方がありません。ああ、まだお丈夫でいらっしゃったのかと、喜んだこともいく度でしょう。このように良くなられたのに、家財道具を始末してしまって困ったものだと悔やんだ事もありました。こんなに、治って下さったのだから埋葬しなくてよかったと、ホッとした事もいく度。意外にたくさん貰った雑誌の原稿料を郵送してあげたが、さぞ喜んでいて下さるだろうと思ったのも、覚めれば水の泡。少し元気が出来た様であるから、もとにもどらぬうちに早く生卵を持って来てくれと、夢の中であわただしく年寄りの女中に命じた事もありました。あるいは父の膝にすがって、痛みが少しはとれましたかとお尋ね申し上げた時、だんだん疲れが増して来るとおっしゃられたので、声を放ってさめざめと泣いたこともございました。確かにこう生きておられるけれども、弔《とむら》いをしたことも事実である。そして生き返られた時がないから、やはり亡くなられた者に相違があるまい。そうして見ると自分が、死後の世界に来たのかしらと、夢の中で考えたこともございました。(大正四年八月二十七日)しまいには、お父さん。これもまた、夢ではないでしょうか。と、問う様になりました。覚めた時は、無性に淋しく、情けなく、感じられてなりませんでした。ちょうど茶碗の縁を回る様で、いつになったとしても同じ悲しみを繰り返すことに過ぎませぬが、これだけはどうしても断つことができない私の未練です。(強い身体を造る法)

今日は五月三日。忘れもしませせぬ。六年前の今月今夜、父の意見に逆らって、飽くまでも議論したことがございました。とうとう私の強情に、口をつぐんでしまわれましたが、この獣畜にも劣った大不幸の行いを後悔する感情は、いつになっても消えること無く、思い出すごとに胸がつまるような苦しみに堪えられません。今夜また、一人その事を思い返しまして、机によりかかったまま覚えず涙が顔一杯に溢れていました所へ、隣の人が不意にたづねて来ましたので、すぐに様子を整えることもできず、顔を上げることもできず、言葉を出すこともできませんでした。その人は、どうしたのかと怪しんでいた様子でした。昨夜も父を夢みました。そばの人達は、幽霊が来たと言って怖がりましたが、私はそれを見るやいなや、ただちに駆け寄りまして父の膝にすがりつきました。—目覚めれば、これも一場の夢…世の親のある幸福な方々よ。私のような、烏にも劣った不幸をして返らぬ悔いに泣く様な愚かな事をすることなかれ。

『見るも憂し、ひとり住居の節句かな（見るのもつらい　一人暮らしの節句であることよ）』
（強い身体を造る法）

ここに触れられている「大不幸の行い」とは、春充が別の所で述べている次のような事であり、「見るのもつらい」と言っているのは、ここに出て来る本のことだと考えられる。

私の手元に今、ある県の水害史がございます。かつて暑中休暇に帰りました時、『なぜ、こんなつまらん本を買われました』と、父に向かって激しく抗言したことがございました。（中略）私もまたこの大不幸の形見を見ますと、痛恨骨を刺して、はらわたが断ち切れるような苦悶を覚えます。頭をもって地を叩き、わびようとすれども―今はいらっしゃいません。ああ三つ峠山よ、桂川よ、青々と茂った福善寺の森よ、その梢のささやきよ、葉ずれの音よ、あわれ父上の安眠したまう墓地よ、…やがて我が身も、同じ屍となるように＝同じ屍と必ずなるように＝そうだ、ただ一歩遅れるのみだ…。（強い身体を造る法）

次の二つの文章は、父立玄《はるつね》が亡くなって二年後に出版された『体格改造法』に掲載されている文章である。

父が死にますときに、『泣いてはいけない』と申されましたから、私は冷静に葬式万端の事を処置しまして、手伝いの人々が帰ってしまいました晩、ひとり新しい墓標の前に、膝まずきました。雪が積もっていました。父の生前の不遇辛苦を思いましたら、私の胸は訳もなく一杯になりお墓の石に身を寄せてただもう涙にくれました。—風が冷たく、身にしみました。（体格改造法）

やはり、一番なつかしい—富士北麓の雪の夕暮れ、急用を済ませて約十二キロの山道を帰り、入浴してからコタツで父と友と牛肉をつつきながら、マルコポーロの遠征談に花を咲かせた、十数年前のあの晩が懐かしい—（いくらふいても、また出る涙、いくら掃いても、散る木の葉）（体格改造法）

立玄《はるつね》が亡くなって一年以上も、父の夢を見たり、父との思い出を書き綴るなど、いかに父の死が、春充にとって打撃であったかよく見てとれる文章ばかりである。また十分に孝養を尽くせなかったことを後悔し、自分を強く責めていることもこれらの文章から読み取ることができる。

14　様々な講習会

父の死より一ケ月程した大正四（一九一五）年二月十四日、春充は、皇族である北白川輝久王《きたしらかわてるひさおう》（一八八八〜一九七〇）に、強健術を指導している。これは、輝久が『心身強健術』を読んだのがきっかけとのことであるが、春充と皇族との関係がいつどのように出来たのかは定かではない。一つ考えられる関係として、次のような事情がある。

以前見たように、春充は近衛第四歩兵連隊に所属していたが、その第四連隊の初代連隊長は、皇族の伏見宮貞愛親王《ふしのみやさだなるしんのう》（一八五八〜一九二三）であった。その貞愛親王の兄にあたる伏見宮能久親王《ふしのみやよしひさおう》（一八四七〜一八九五）は、北白川家を引き継ぐことになるがその第四王子が、今回春充が強健術を教授することになった北白川輝久王なのである。この時、輝久は当主の死去により断絶しかけていた小松家を引き継ぐため皇族から臣籍に降下して小松輝久侯爵、つまり華族となっていた。以上のような繋がりが、春充が輝久に強健術を教える一つのきっかけとなったものと考えられる。

春充は、輝久に強健術を教授した時の様子を次のように綴っている。

北白川輝久王《きたしらかわてるひさおう》はご上京を機会として、橋場《はしば》の邸宅に私を召され、親しく強健術をご練修になりました。時はちょうど昨年二月の始めでして、非常な寒さでございました。お居間のすぐ隣りの室を、練修所にあてました。私がお話し申したいと思いますのは、その熱心なご練修ぶりです。私がお伺いしましたのは、午前十時でしたが、いつも終わりますのは、午後一時近くになりました。時計を見て驚かれるのが常でした。私が止めようとしましても、『まだ、これがよく腑に落ちないから』と、飽くまで徹底しなければ止めませんでした。霰《あられ》まじりの吹雪の朝。待者が、ストーブを炊きましょうと申上げましたけれど、『何、やっていればすぐ暖かくなるから』と言って、聞き入れませんでした。精細なご質問をなされることもしばしばでした。そして午前九時の汽車で鎮守府にお帰りになるその朝、ご出発になるまで来てくれと申されました。しかも、その朝はひどい吹雪でありました。氣合を込めました腹力の養成法は、ただそれ一つだけを三時間余り続けて練修なされたご熱心。さすがは天子の子孫である御身でありながら、皇国のため爆弾が雨のように降る台湾に尊い命を捨てられた、北白川宮殿下《きたしらかわのみやでんか》の御子であらせられると、敬服の情に堪えませんでした。（日清戦争の際、輝久の父である北白川宮能久親王《きたしらかわのみやよしひさしんのう》は、近衛師団長として台湾総統軍の指揮にあたり、現地で戦病死している　著者注）（強い身体を造る法）

この教授は、約二ヶ月間続いた。

春充はこの年、大正四（一九一五）年三月八日に、陸軍三等主計中尉に昇進する。そしてその日、下宿でもあった麻布の武強世界社で、西郷隆盛の辞世の詩を血書する。西郷については、父立玄《はるつね》がよく春充にその事績を語ったという。また、春充と信水の師である押川方義《おしかわまさよし》は、西郷の心を語る時には、粛然と涙を流したとも言う。このような影響もあり、春充が最も心を寄せる英雄の一人が西郷隆盛であった。

大正四年八月一日から九日にかけて春充は、明治教育会の元勲辻新次《つじしんじ》男爵（一八四二～一九一五）の要請により、群教育会主催「山梨県夏季講習会」に講師として参加している。講習会には、日本全国はもとより、満州、朝鮮、台湾などからも小学校、中等教員が参集する大規模なものであった。明治前半の教育制度のほとんどに関わり、「文部省の辻か、辻の文部省か」とまで言われた辻は、強健術を「教育界におよぼす効果は広大なる事と存ずる」と、春充へ宛てた書状の中で高く評価している。このように、強健術は教育界においても大いに注目されていた。

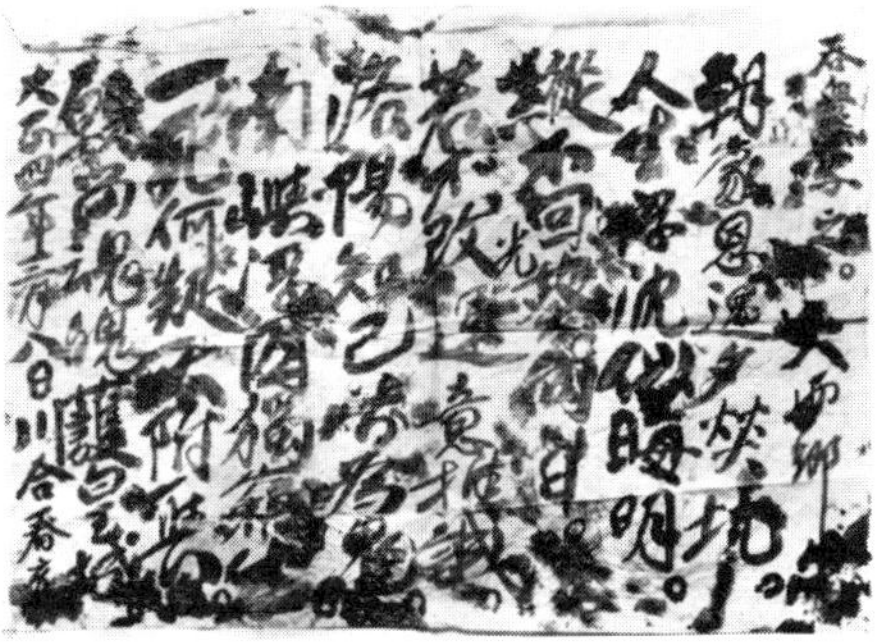
春充が血書した西郷隆盛の詩（出典：強い身体を造る法）

先にも記したようにこの時の会場は、偶然にも春充が通っていた小沼の小学校であった。ほんの半年程前に父を同地で亡くしたばかりの春充にとって、再び故郷の地を踏む思いはどのようなものであっただろうか。本来であれば、文字通り故郷に錦を飾る誇らしい凱旋講演であったはずである。しかし、それを最も喜んでくれるはずの父は、この世にはもういない。しかもこの時には父の死を看取った実家には、すでに他人が住んでいたのである。その家を見た時の春充の複雑な心情は、以前に引用した文章の通りである。

「山梨県夏季講習会」が終了するとすぐに上京し「東京帝国教育会」で講演を行い、席の温まる暇もなく、その夜十時には上野で夜行列車に乗車した。先にも記した、義兄弟の契りを結んだ蓮沼門三《はすぬまもんぞう》の「修養団」が主催し福島県で行われる「第一回天幕講習会」に、講師として参加するためである。この「天幕講習会」に春充は、大正七（一九一八）年までの計四回参加することになる。

この講習会について春充は、次のごとく記している。

大正四年盛夏の候、二週間（と記しているが実際は八月十日〜十七日の七泊八日　著者注）にわたり、東京修養団が主催し、文部省、内務省の賛助を得て、磐梯山麓檜原湖《ひばらこ》畔に、わが国初の天幕講習会を開く。山下信義《やましたのぶよし》、蓮沼門三《はすぬまもんぞう》、小尾晴敏《おびはるとし》の三氏と私が講師であった。集まる者は全国の師範学校、農学校の優良生であり、将来、町村の中心人物となるべき者達。課外講師としては、星静岡師範学校長、益田実業之日本社長、床波代議士、松崎博士、有馬子爵、田所学務局長、田沢内務書記官、その他諸名士が来臨した。夜明けに、磐梯山の噴煙を望み、檜原湖《ひばらこ》の青い湖面を見下ろしながら八十有余名の青年が、健脚にて地響きさせて氣合発生をした。その豪快な状況は、今なお眼底に彷彿と浮かぶ。床次氏は膝を叩いて、『こ

天幕講習会の様子、前より四列目左より蓮沼、春充（出典：強い身体を造る法）

の術日本の国宝なり』と山下法学士に語ったということである。また、有馬子爵は写真機を携えて身構えたが、私の千変万化の早業に見とれて、ついに一枚も撮影することができなかったとのことである。

（強い身体を造る法）

「第一回青年指導者天幕講習会日程表」によれば、春充の「心身強健術」は、ほぼ毎日一時間から二時間の時間をとって講義された。春充は、最終日に参加者とともに磐梯山登山も行っている。この時の参加者の感想の中で、「天幕講習会に参加して最も愉快なりしこと」に「強健術を見たるとき」と答え、また「天幕講習会中受けたる感化」に「川合式の偉大なる努力」と記した者がいるのは興味深い。また、参加者は今後「一事貫行」すべきことを誓ったのであるが、そこでも「強健術」は多くの者に選ばれていた。

15　新たな強健術の誕生

この頃からであろうか、春充はこれまでの強健術を大幅に改訂した新たな強健術を模索していた。これは、加藤時次郎《かとうときじろう》主催の平民病院付属の道場で、女性や病弱者に教えていたことが改訂のきっかけになったものと考えられる。また、村井弦斎《むらいげんさい》が春充に、次のような提案をしたことも動機の一つと考えられる。

私は川合君に相談して普通の強健術を区別し、老年期の運動法および婦人の運動法を別に選定したらよかろうと勧告しました。川合君も快諾されて、目下その考案中ですから、将来必ず老人や夫人に適切なものが案出されましょう。（強い身体を造る法）

こうして出来あがった強健術を、春充は次のように説明する。

先に公にしました方法は硬い強いやり方ですが、今度のは要領を変えまして、ズッと軟らかに致しました。場所は畳一畳あればできますし、動作が前よりか穏やかですから実行上大層楽でございます。

（強い身体を造る法）

ここで述べられているように、これまでの強健術を春充は、「硬い、強いやり方」とし、新たな強健術を「軟らか」なやり方としている。こうして、強健術は、「硬」、「軟」の二種となった。この新たな「軟らか」い強健術は、後に「簡易強健術」と呼ばれる強健術の原形であり、「硬い、強いやり方」は後の「気合応用強健術」の原形となったものである。

この「軟らか」な強健術は、大正五年に発行される『強い身体を造る法』武侠世界社刊に初めて発表される。この新たな強健術の特色について春充は、次のように紹介している。

一般人に教授の便宜上から、再び元にもどりまして『簡易』を土台として、それに呼吸と中心の働きと、力の使い方の調節とを徹底的に研究しました結果、完成しましたのがこの方法です。(強い身体を造る法)

ここで春充は、これまでの強健術をさらに簡易にして、呼吸と中心の働きと力の使い方を徹底的に研究して出来あがったものであると解説している。これまでの強健術は、春充が十八歳の時に創案した最も初期の強健術（これを我々は原強健術と呼んだ）に、瞳光の不眠、集約拳、気合、脚の踏み付け、利動力などの諸要素が付加され、今に至っている。初期の頃のシンプルであった強健術に比べ、複雑になり、また激しい動きも伴うようになっていた。これを見直し、初期のシンプルな型同様の簡易なものを目指したのである。また、呼吸についても、さらに深く追求している。

ここで『中心』という言葉が登場したが、これは、これまでの「気合」、「丹田」、「腹力」などという概念がさらに発展したものである。この『中心』という概念が、後に強健術の最も重要な要素となる。また、「呼吸」と「中心」と「力」の使い方を研究したと述べているが、この力の使い方はこれまで、「腹に力を入れる事により、手脚に力がおよぶ」と解説されていた力の使用法を発展させたものである。この新たに考案された、諸要素については、後ほど詳細な分析を試みたい。

軍隊を退営してから、約四年間、春充は、父の死の前後を除いてほとんどを東京で一人暮らしをしていたようである。掃除、洗濯、炊事すべてを一人で行い、ほとんどネルの単衣《ひとえ》で、シャツも着ず、足袋《たび》も履かない質素な暮らしであった。この頃一体何を生業としていたのかは、はっきりしないが、講演料と本の印税が家計を支える一つの要素であったことは想像に難くない。執筆に専念していたのであろうか、終日人と会わず、一日無言で過ごすことも多かったという。そのような時、春充を慰めるのは、身の周りに存在する自然であった。

そして、空間とも時間とも一切の自然と最も親しくいたします。樹木も白雲も、活きた言葉で私と語ります。深夜ひとり、オリオン、アンドロメダ、ペガスス、カシオペヤ、白鳥などの星座が、その美しい森厳な姿を天に飾っているのを見た時、この親なく家なき寂寞の子も、躍然として微笑の頬に上るのをとどめることが出来ませぬ。こうして私は、時の移るのも知らずに無声の会話をかわします。(中略)

ああこの楽しみ、この恋だけは、どこに行っても、何物にも奪い去られることはないのです。ゴチャゴチャしゃべらなければ、心の中が分からないような人間はうるさくってたまりません。強健術もヘチマも、叩きつけてしまって早速、自然の懐にのがれたい気が致します。とは言え、人間を愛していないのではありませぬ。自然を慕うことが一層深いまでです。

"I love not man tha less, but Nture more."（強い身体を造る法）

まだ豊かな自然が残っていた大正の東京で、節制と労働の喜びを味わい、自然と無言の会話を交わす春充を、親友の一人は、「体育家にして哲学者の生活をなすもの」と評した。この態度は後に、強健術の重要な柱の一つになる実践的哲学「宇宙倫理」に繋がる萌芽と言えるもので重要である。また、自然回帰への強い憧憬も伺え、これも晩年の春充の思想と一脈通じるものがあり興味深い。

16 『強い身体を造る法』の出版

父立玄《はるつね》が亡くなった翌年、大正五（一九一六）年八月、新著『強い身体を造る法』が武侠世界《ぶきょうせかい》社より出版される。この書は、新たに考案された「軟らかい強健術」を、紹介したものである。また、強健術の手順を、コマ撮り写真で紹介しているのも大きな特色の一つである。そして、この書において初めて「中心」の概念が登場する。これは、先にも言及したが、「腹力」、「気合い」、「丹田」の概念をさらに深めたもので、文字通り強健術の中心概念となるものである。この書では、「中心」の詳細な解説とともに、人体における中心の位置を幾何学的に解説していることも、強健術の発展の歴史の中で見逃せない重要な点である。

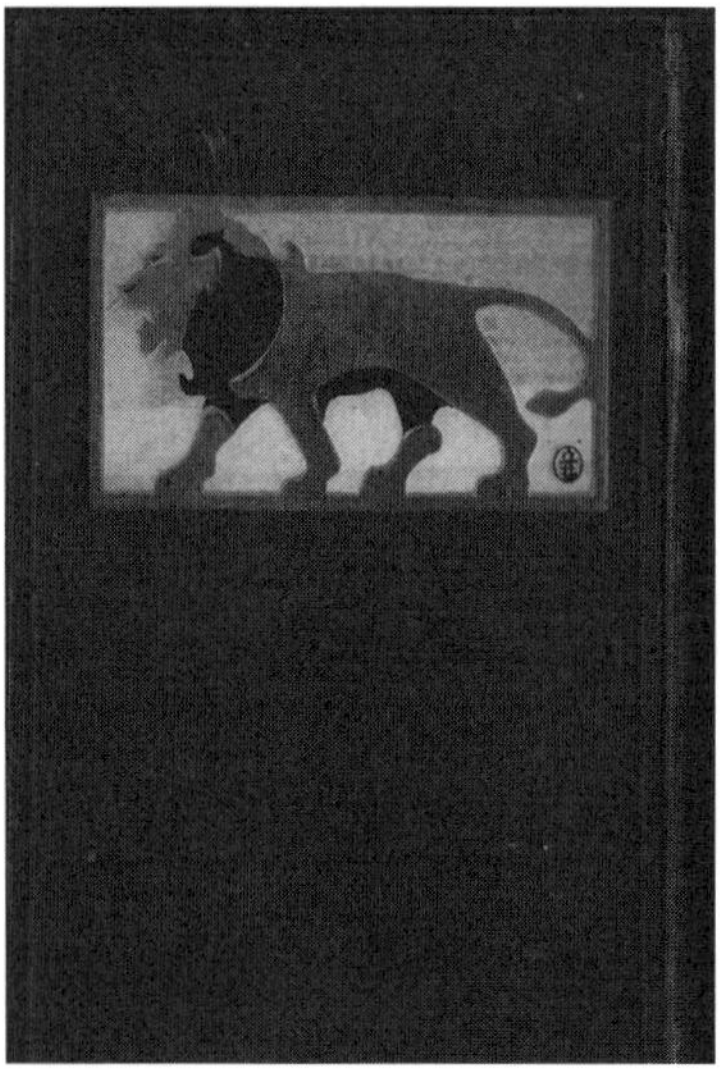

『強い身体を造る法』表紙

強健術のコマ撮り写真

文体は、これまでの著書とは打って変わって、「です、ます」調であり、後半の「筆のしづく」は、この書の半分以上を占める随筆である。これは、前著『心身強健術』付録の「筆のしづく」を、ある不治の病にかかった青年が愛読していたことを知り、そのような人々の慰みになることを願って書いたものだという。またこの中には、父を失った悲しみが切々と綴られている部分もあり、当時の春充の心境を読み取ることが出来る貴重な記録となっている。

このように、『強い身体を造る法』は、「新たな強健術」の紹介、「中心」概念の初登場など、エポックメイキングな内容となっており、強健術はここで大きな変化を迎えることになったのである。

17　中心について

「中心」という概念は、この『強い身体を造る法』で登場するのであるが、それ以前に「中心」という言葉が使われたことがいくつかある。「中心」という言葉が、最初に現れるのは、処女作『実験　簡易強健術』である。

身体を支え、かつこれを自由に運びえるものは『脚』である。頭や腕がいかに働いたとしても、それでもって身体を少しも動かすことは出来ない。ただこの脚によって体の中心（傍点著者）を取り、かつこれを働かして始めて動作を自由なさしめ得るのである。（実験　簡易強健術）

ここでの、解説では身体を動かす要《かなめ》である「脚」の解説が主であるが、「脚」によって〝体の中心を取る〟という表現が見られる。これは、身体の重心、バランスを取るというような意味で用いられていたと考えられる。当時は、「腹力」、「気合い」、「腹筋の緊張」という表現を使用していたのであるが、いまだ『強い身体を造る法』で使用されるような、「中心」的な意味では使用されておらず、この時点では「中心」感覚は自覚されていなかったと考えられる。

そして、第三番目の著書『心身強健術』になると、さらに解説が詳細になる。

一筋の緊張が根本原則であり腹筋の緊張は、中心を確りして、それを充分にやる所の手段方便である。（傍点著者）すなわち姿勢を整えて精力の集注を容易にしようとする心理的意味をも含むものであれば、各個の筋肉の緊張よりも腹筋の緊張が勝るとも劣らぬ様注意を要する。熟練すれば、自然と出来てこのような配慮が必要なくなるようになる。（心身強健術）

ここでは、「腹筋の緊張」が「中心」を確立する手段である〟と述べられている。『心身強健術』では、「中心」という言葉が登場するのはこの部分だけで、もっぱら「腹筋の緊張」、「気合い」という表現で「腹に力」を入れることを表現しているが、「腹筋の緊張」は「中心確立」の手段であるという表現は重要であり、「中心」の自覚がさらに進行していることが見て取れる。

そして今回出版された『強い身体を造る法』では、「中心」について、まず、精神にも、身体にも中心が存在するという指摘から説明を始めている。精神の中心がはずれると、心が乱れ、身体の中心がずれると、姿勢が崩れ、病魔が侵入しやすくなる。そのような訳で、中心に触れない精神修養も、肉体鍛錬も、労多くして効果が少ないものであるという。それでは、肉体の物理的中心はどこであるか？幅も、厚さも、長さも無いその一点とはどこにあるか？それを、自身の体験と解剖学、幾何学、力学、生理学の上から考察した結果が以下の解説である。

○まず背骨のうちにあります、椎骨と仙骨との接合点に、力を入れまして反った姿勢を作り、そこから腹の方に向かって、地平に対し平行線を引きます。するとそれは、臍の所へ出て来ます。

○これが、最も自然にして、しっかりした姿勢であります。

○鼻柱と胸骨の中央から地平に対して垂直線を下ろしますと、さきの直線と臍の所で直角に相交ります。

○仙骨の上端と腹腔の前方下部、恥骨縫際とを結びつけますと、そこに直角三角形が出来ます。

○そのそれぞれの角を二等分して直線をその相対する辺に結びつけます。

○そうすると三線は一点に合します。

○その点が即ち、人間の体を一の物体と見た場合における重心即ち重点の存在する所です。解剖学的に言いますと、それは廻腸の一部に当ります。そこが人間のほんとうの中心なのです。

○でありますから、この点を含むすべての平面は、もしその人間の体が完全のものでありますならば、その体重を二等分いたします。ですから、この點を含んで、その体重を二等分する平面の軌跡は身体の到る所にあると言い得られます。

○その点を円の中心として、さきの直角三角形に内接した円を描くことが出来ます。

○腹の前方におけるところの接点＝円周が垂直線に接した点＝それがすなわち、古人のいわゆる氣海丹田の位置になりまして、臍の下およそ、四センチ位の処になります。

○円を標準として腹の中に球を想像します。腹に力を入れますと、球の表面から、球心に向かいまして、同一の力量をもって圧迫致します。（ですから氣海丹田に力を入れますと、自然にこういう中心力が生じます）
○この球と申しますのは力学的無形のものであります。
○球の側方の力は斜腹筋によって、前方は、腹直筋によって、上方は横隔膜によって、後方は脊髄と腸骨によって生じます。（強い身体を造る法）

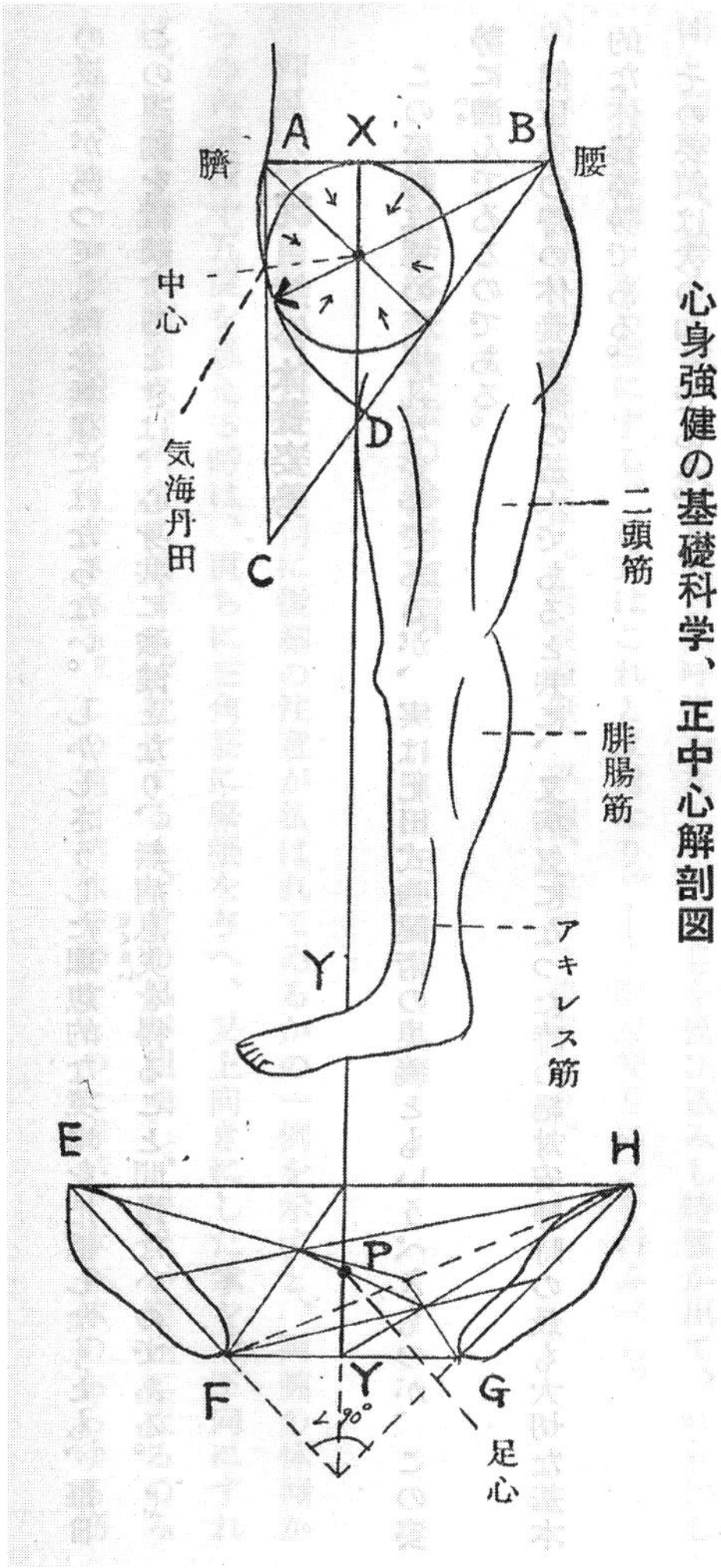

正中心解剖図（出典：一分間の強健術

この解説で出て来た重要な点を指摘したい。

まず、第一に姿勢の定義がある、「椎骨と仙骨の接合点に力を入れ腰を反る」とある。この腰を反る部分は、後に春充の境地が深まるにつれ変わっていくが、「腰を反る」姿勢は強健術の大きな特徴となる。

次に「中心」の位置と、古来より伝えられている「気海丹田」の位置を詳述している。ここで重要なことは、「中心」と「丹田」は明らかに別の物である点である。「中心」は、体内の一点であり、「丹田」は体の表面に位置する。現在、肥田式強健術の「中心」と「丹田」を同一視する向きもあり、春充も二つを大まかに区別せずに使用している例もあるが、この解説からも明らかなように二つは厳密には別位置にあることに注意が必要である。この「中心」といわゆる「丹田」については後に詳細に論述したい。

また中心の回りに、仮想の球を仮定しているが、これは解剖学的に言うと、横隔膜、腹直筋、斜腹筋、腸骨と脊椎で囲まれた体内空間のことであり、これらに力を入れて緊張させると、中心に向かって圧力が生じる。これを「中心力」という。

この「中心力」が、これまで漠然と「腹力」、「丹田」、「気合い」などと呼ばれていたものである。

さらに、両足と中心の関係について次のように解説が続く。

○両足を直角に踏み開いて立ち、体重が踵と爪先とに等分に落ちる様にいたします。
○爪先と爪先とを結びつけ、両足の中心線＝爪先の幅を二等分した点と踵の幅を二等分した点とを、結びつけた直線＝を延長して後方において相交じらせると、ここに直角三角形が出来ます。
○各辺を二等分した直線を、その相対する角に結びつけます。そうすると、三線が一点において合致いたします。
○正しい姿勢でありますと、さきの球の真ん中にあった重心は、この点に落ちます。言葉を換えて言いますと、この点と球心とを結びつけた直線は垂直であります。（強い身体を造る法）

この両足で形作られる空間を後に春充は、「支撐底面《ししょうていめん》」と名付ける。「中心力」が正確に作られると、この解説のように、「中心」からの垂直線は「支撐底面」の中心に落ちて前にも後ろにも傾かない。これも重要な「中心力」形成の要素である。

以上が、中心と、中心力の解説であり、この後この感覚がさらに精緻、精妙になるにつれて、定義が変化して、最終的に「正中心」、「聖中心」に至るのである。

さらに、肉体の中心と精神について次のような考察をしている。

精神的疾患、肉体的疾患ある者。および発作的でも恐怖、煩悶に陥った者は、必ず重心の所在地が正しい場所から変わっております。肉体と精神との連結点、霊と肉との接続点の鎖は、正しい位置を得た重心であります。この点は、幅もなく、厚さもなく、ただ位置あり。この点、ますます微小に砕かれて、ついに無形の心となる。心身相関、霊肉一致の原理は、ここに伏在しております。（強い身体を造る法）

ここでは、「正中心」を「正しい位置を得た重心」と表現し、肉体的、精神的に不安定であることを「正しい場所から変わっている」と表現している。この「正しい位置を得た重心」を、肉体と精神の連結点とみなし、この幅、厚さもない位置だけの点が砕かれて始めて、精神と肉体の融合、霊肉の融合がありうるとした。これは、後の、「正中心」、「聖中心」の概念につながるものであり非常に重要である。

このような考察から、中心のとれていない姿勢は、物理的、肉体的、精神的に不安定であるとして、次のような例を挙げている。

煩悶、憂愁の人および狂人などは、気が上に満ちております。精神安泰、無病強健の人は、気が下に満ちております。上は文明的で、下は原始的です。文明的に属する上の器官、ことに内臓および頭脳はすべて複雑。原始的に属する、下の器官は比較的単純。知識は上に宿り、健康は下に宿る。

（強い身体を造る法）

腰の据わっていない踊りや。芝居などは、いくら遠くから見ておりましても、直覚的に、いやな刺激を頭に感じます。これは中心が確《しっか》りしていないために姿勢が多少なりとも、危険状態にあるからです。

（強い身体を造る法）

○恐怖、悲愁の時は、皮膚が青白くなって、油気がなくなります。
○そんな時には、身体の物理的中心は、あるべき場所より上へ移ります。（強い身体を造る法）
精神の平安が破られると、身体の物理的中心は、あるべき場所よりも上に動くものである。（強圧微動術）

最後の一文は、更に後年に書かれた『強圧微動術』のものであるが、精神の状態と、身体の状態が密接に結び付いていることを指摘している。精神が不安定であると、気が上に満ちる、それを春充は物理的中心が上に動いた状態と定義している。気が下に満ちていると、身体の物理的重心は、あるべき下腹に位置し、精神は安定し、肉体は強健となるという。ここで重要な点は、下腹に力が満ちていること、腹力、中心力が発生しているという、身体の肉体的な感覚が、そのまま精神状態に結びついている点である。気という概念を使用しながら、それはあくまで身体感覚と結びついており、決して観念的なものではない。これが、「運動と観念の分離」を追求してきた末の一つの到達点であり、身体の物理的操作により精神をコントロールするという強健術の一大特徴が、「中心」によって一つの完成に至るのである。

先に触れたように、肉体を持って精神を支配する方法には、まず「瞳光《どうこう》の不睨《ふげい》」がありこれと同時に頸《くび》をしっかりと立てる、そして「腹力」を脚の踏み付けなどにより造り上げるといった要素が必要であった。この最後の「腹力」が主に腹の表面（丹田）に力を込めるものであったのに対し、腹と腰の中心に力を込めたのが「中心力」である。この「中心力」を造り、肉体を整えることによって、精神も自動的に調うようになったのである。春充は、このことを次のように表現している。

頸《くび》に力を入れて眼を活《い》かし。腹へ力を入れて（傍点著者）唇を活《い》かす。これが形によって、精神を支配する、唯一最良の方法である。（強い身体を造る法）

こうして、「気合」、「腹力」が深化して「中心」、「中心力」となったことにより、強健術はより完成に近づいた。しかし、後年春充はこの時の強健術を「邪道に入った」と酷評する。それは、どのような点であったのかは、強健術の発展をさらに追っていかなければ理解することは難しい。まずその手始めとして、『強い身体を造る法』で解説された強健術とはどのようなものか見ていきたい。

18　新しい強健術

これまで春充が、強健術の要件として挙げたものは、
一、筋肉の発達
二、内臓の壮健
三、体格の均整
四、動作の敏活
の「四大要件」であったが、この『強い身体を造る法』では、新たに次の二つの要件が加わっている。
・姿勢の調和
・気力の充実
この二つについて、春充は次のような解説を施している。

・姿勢の調和
上体の基点である腹（解剖学的に言いますと、腹直筋の緊張もしくは緊縮）下体の枢軸である腰（解剖学的に言いますと、椎骨と仙骨との接合点に力を入れること）とを鍛えて、それが中心でもって一致調和する様にするのであります。必ずしも胸を張り手足をそろえるのではありません。これさえ出来ます

ればどんな形をしていても姿勢は美しくなります。（強い身体を造る法）

・気力の充実

精神力の養成です。腹筋と頚部《けいぶ》筋肉とに、調和した瞬間の緊張を与えて、両眼と唇とを活《い》かすのでして、精神はたちまち統一されます。統一しようと努めるのではありません。形の上から行って統一されてしまうのです。（強い身体を造る法）

表現は分かりづらい所もあるが、この新しく加わった二つの要件に共通している点は、「中心に力を込める」という点である。つまりこの二つの要件は、「中心」という概念が出来て、初めて登場したものであり、それ故に「腹力」、「気合い」などの段階では出現しえない要件だったのである。

次にそれぞれの要件を「中心」という観点から、考察してみたい。

まず、「姿勢の調和」であるが、先の説明によれば「腹と腰が中心で一致調和した姿と」いうことになる。また、「中心」の解説では腹に力を入れる「腹力」と、腰を反る「腰力」が腹と腰の中間地点で吊り合いそこに力が入って「中心力」が生じると説明しているが、ここでの「腹と腰が中心で一致調和した」というのは、正に「中心力」が生じた状態を指している。つまり、腹と腰とに力が入り、それが胴体の真中あるいは中心に、腹側からも腰側からも同じ力、圧力がかかり、体幹の中心部にその二つの力がつり合った力が集中して、「中心力」が生じる。その時の姿勢が調和がとれている姿ということになるのである。このことを春充は、次のように解説する。

体格のつりあいと姿勢の調和とは、問題が似ておりますが同一のものではありません。整った体格を持っていても姿勢の悪い人はありますが、これに反して不具な人でありましても、姿勢は立派に整えることが出来ます。要するに前者は全体の形を言うのでありまして、後者はただ中心の据《す》え方がどのようであるかによるのであります。（川合式強健術）

つまり姿勢の正否は、中心が正しい位置にあるかどうかによって決められるべきものである。
（聖中心道　肥田式強健術）

この文は、さらに後の著書の文であるが、「姿勢の調和」とは「中心の据え方」の問題であると説明している。そして、その具体的な例として次のようなものを挙げている。

大隈重信候は、片足を失われたいわゆる不具者であるけれども、その演壇に立った姿勢は、実に立派なものである。上体を軟らかに、スックと起こし、腹に力を入れて、中心を確《しっか》り保っているからである。

この中心さえ出来ていましたら、たとえ不具な所がありましょうと、たとえ手足をなげ出してデコボコの岩の上に、よりかかっておりましょうと、姿勢は実に美しく見えるものであります。何も胸を張り、手足をそろえて人形を立てたようにするような必要はありません。自然の姿勢は、そんな窮屈な形であるべき筈はありません。でありますから名人の彫った像や、画いた絵はその人物が自由自在な形をしおっても、何となく据《す》わりがあって美しく見えるのは、みんな中心をしっかり得ているからであります。

（健康の中心を強くする法）

このように、「姿勢の調和」は「中心」を据《す》えた姿勢のことを差している。だからたとえ、体の一部が欠損していても、物に依りかかっていても、「中心にしっかりと力」が入っていればそれは「調和のとれた姿勢」なのである。またその姿勢を、「自然の姿勢」とも表現している点に注意したい。さらに、たとえ作り物であっても、「中心」を得ていると安定感があり美しく見えるものであるとしている点も重要である。

後に春充は、「中心」を活かした「雄弁法」も発表しているが、これも「姿勢の調和」の応用である。強健術が有名になると、講演の依頼が多くなり演壇に立つ機会が増えたが、春充は実は講演があまり得意ではなかった。学生時代には、相当の準備と練習をしてきたにもかかわらず、兄信水《しんすい》の見ている前で、野次り倒され、立ち往生してしまったこともあったという。強健術の講演を始めた頃も、話の内容そのものに聴衆の関心があったために、わずかに聞いてはくれたが、春充の感想では会心の出来と言える講演はなかった。しかし、話が終わって強健術の実演を始めると、あたりは水を打ったように静まり返り様子は一変した。それは強健術の強烈な実演に観衆が圧倒されているからだと当初春充は考えていたが、実は「中心」が整った姿勢そのものが圧倒していたことに氣づき、「中心力雄弁法」が誕生することになる。

次に「気力の充実」について春充は、「精神力の養成」であると言っている。これは、「肉体の鍛練」と「精神の鍛練」の分離を更に押し進めたものである。「中心」の導入によってこれがほぼ完成の域に達したものと言ってもよい。

「気力の充実」は具体的に言えば、それはこれまで「気合い」と呼んでいた下腹部の緊張のことである。それが、今回より腰と腹に同量の力が入る「中心力」となった。その身体の操作のみで、計らずとも精神集中をも容易にするのである。「中心力」を応用した結果を次のように春充は解説している。

どのようにしたら精神の集中を最もたやすくなすことが出来、かつまたその効果を最も完全に収めることが出来るかという、そこが問題である。それには雑念を去って無我無心にならねばならぬといい、あるいは観念の統一が第一であるともいう。しかも、それではなお具体的に分かりやすい方法とは言えぬ。何でもない様なことではあるが、私はどうかしてこの問題に解決を与えて、運動の効果を完全に獲得せねばならぬと考えた。そして、私は筋肉の緊張法の上から『中心力』を応用し来たったとき、この精神上の問題は、期せずして釈放させられたのである。ちょうど松の枝に積もった雪が、朝日に解けて、地響きして落ちた様に私は痛快に感じたのであった。（心身強健術）

観念的に意識を集中するなどの心理的操作を行わず、強健術の最大の要《かなめ》である「中心力」＝「気合」を籠《こ》める、具体的に言えば腰と下腹に力を入れ、腰と腹の中央に力が入るように肉体を操作することにより、自然に意識の集中が出来るようになるという。これは、肉体の操作により精神を操作するという肥田式の最大の特徴でもあり、後に春充が強健術を行うことにより、思考が停止した状態となり無我となる状況にまで発展する重要な要件である。

19　第二回天幕講習会

春充は、大正四年八月に、蓮沼門三《はすぬまもんぞう》の「修養団」が主催する「天幕講習会」に講師として参加したが、その翌年大正五年に二回行われた講習会にも講師として参加している。

最初の講習会は、八月五日より行われた、「第二回青年指導者天幕講習会」であり、開催地は、静岡県富士郡上井出村白糸の滝、曽我台であった。この時には、皇族である華頂宮博忠王《かちょうのみやひろただおう》（一九〇二～一九二四）、伏見宮博信王《ふしのみやひろのぶおう》（一九〇五～一九七〇）が見学に来ている。二人は、先にも触れた春充の所属していた近衛歩兵第四連隊の初代連隊長伏見宮貞愛王《ふしのみやさだなるおう》の孫にあたる。この時の講習会の様子を春充は次のように記している。

富士山麓で、天幕講習会をやった時のことです。一高学生三田村保武《みたむらやすたけ》君と二人で、白糸滝がかかっている崖下に降りて行きました。私は持ち前の冒険性が、ゾクゾクと、首をもたげてまいりましたので、すぐさま、素裸になって滝壷を泳ぎ越し、岩を伝って高さ約二十七メートルの本滝の真裏に這って行きました。そして一辺が九メートルばかりの四角い岩窟に座って壮大な水の落下と、谷を動かす轟声とを楽しんでいました。ちょうどどこかの小学生が、数百名参観に来ていたのが、私が滝の中へ消えてしまったので、驚いて滝の方へ集まって来ました。飛沫のために息苦しいので、見飽きぬ壮観を思い切って、滝を出ました。危険には、一種高調した、趣味があるものです。（体格改造法）

ここに登場する三田村保武《みたむらやすたけ》（生没年不詳）は、強健術を本によって独習し、その後平民病院に併設された強健術道場において春充の助手を務めた人物である。春充は彼のことを「（強健術を）ほとんど真に近く会得し。練修わずかに二回で、修了証を受けられたのは、氏の他にはありませぬ、熱心もありましょうが、一種の天才です」と、高く評価している。ここで春充は、冒険心が沸き起こり白糸の滝の滝つぼに飛び込んだが、この講習では水浴による禊《みそぎ》が毎朝の日課であった。蓮沼の記録に次のようなものがある。

午前四時半、太鼓の音が響き渡る。イザと全員が床を蹴って起き上がり、裸体のまま天幕より飛び出して、庭前に整列し、組長の号令の下に番号をかけ、小尾主事の点呼を受ける。講師、主事も裸体のままで全員の指揮をする。点呼が済めば、一同小暗い坂路を駆け足で白糸滝壺に下り、川合講師の号令のもとに気合を掛ける。「エーイー」の声が渓谷に響く。明け方の風が霧を巻いて寒冷の気がヒシヒシと五体に迫り、滝がとどろき飛沫を送って骨も凍りそうな一瞬、飛び込めの合図に、われ遅れじと滝壷にざんぶと躍り入る。その壮烈の光景は、孟子の言葉にある「臆病ないくじなしをも、思わず起たせる」の気慨がある。

二荒芳徳《ふたらよしのり》伯や田沢、山下、川合、小尾の諸講師も、真っ先に滝の下目がけて飛び込む。心身を洗い清め水より出て、真っ赤になった皮膚を摩擦すると、もうもうとした蒸気が立ち上って一同清快を覚え、高らかに吟ずる詩が思わず腹よりほとばしり、天地を飲むような気概をもってわが家に帰り、正服を着け、室内、室外の整頓掃除を行う。（蓮沼門三全集　第十巻）

春充の指導によって気合をかけた後に、滝に飛び込み禊をする早朝の様子が生き生きと伝わってくる。ここに登場する二荒芳徳《ふたらよしのり》（一八八六〜一九六七）は、宮内省書記官、東宮御所御用掛、学習院講師などを経て、貴族議員を歴任。また、日本体育専門学校（後の日本体育大学）校長を務め、少年団（ボーイスカウト）日本連盟の初代理事長ともなった人物であり、恐らくこの時をきっかけとして春充と相知ることになり、終生春充の良き理解者であった。また、先に春充が親しく強健術を教授した小松輝久《こまつてるひさ》侯爵は、二荒の兄にあたり、今回皇族が見学に訪れたのも、二荒の尽力によるものである。

そして夜には、次のような講習が行われた。

六時に夕食をすまし、八時から講義所に集合して正座の修行をする。田沢講師が指導し、他の講師もみな裸体となって気海丹田を固くする練習をする。全員は力いっぱいりきむ。山下、川合両講師は、全員の間を巡視しながら、おりおり気合を掛けて、拳をもって腹部を押す。力が腹に入っておらぬ人は、後ろに倒れる。本気真剣の人は、顔色を真っ赤にし、熱汗が全身より流れる。五分、十分たてば、全員すべて熱狂し、唸るもの、身を震うもの、実に勇ましい光景となる。（中略）一同は講義所の前庭に整列し、川合講師の指揮により、気合の練習をなす。体を構え気を丹田に籠め、満を持して待つ。号令一下すれば「エーイ」と声を下腹部より絞り出し、同時に地軸も砕けよと足を踏みつける。終っておのおの天幕に帰り、灯火を消して安らかな眠りへと入る。（蓮沼門三全集　第十巻）

ここで行われた「正座」とは、岡田虎二郎《おかだとらじろう》（一八七二～一九二〇）の提唱した「岡田式静座法」のような修行法と考えられる。ここで注目したいのは、正座の際「腹」、「気海丹田」に力を籠めることである。春充らはその腹を拳を固めて気合を入れながら押し、確り力が入っているかを確認している。力が入っていないと、押し負かされて後ろにひっくりかえってしまう。ここに記されている丹田の鍛え方は観念的では全くない。腹の力と、拳の押し比べのような物理的かつ肉体的実感を伴ったものである。この腹に力が籠った状態を、春充は「気合」または「中心力」と呼んだことはすでに見て来た。この「腹に力を入れる」方法は、以前に考察した村井弦斎《むらいげんさい》の強健術紹介文にも詳細に述べられているが、こうした「腹」、「丹田」の鍛え方は現在ほとんど忘れ去られ、観念的に丹田に意識を集中する方法がわずかに伝わっているのみである。強健術の「中心力」も、具体的に腹と腰に力を籠めることにより生じる肉体的、物理的感覚であることをこの一文からもはっきりと確認することができる。

先にも記したが、この天幕講習会には二荒《ふたら》の尽力により、皇族である華頂宮博忠王《かちょうのみやひろただおう》、伏見宮博信王《ふしのみやひろのぶおう》が来訪した。この時、春充は二人の命により強健術を披露しており、その時の様子を次のように記している。

大正五年八月、富士山麓白糸の瀧で天幕講習会をやりました時、恐れ多くも、華頂宮博忠王殿下《かちょうのみやひろただおう》、伏見宮博信王殿下《ふしのみやひろのぶおう》には、御見学のため、十四日の烈風（陸軍から借りました、二十四個の天幕のうち八個はつぶされ十個ばかりは裂かれました）が吹き荒れる中を、わざわざ御出でになられました。そして、特に私の強健術をお見せするよう言いつけがありました。私は、感激の熱涙を振るって立ち、お付きの方々が怪しむのも顧みず、たちまち衣服を脱ぎ捨てて裸体となり、両殿下の御前に進んで一礼し、ただちに練修にかかりました。純潔無垢、胸底一点のチリもなく、精気渾身に満ち溢れて、眼精澄み渡りました。そして中心から統一した力は自分ながら、キビキビした様な、鮮やかさを感じました。最も猛烈に、気合を込めて、板の間も砕けんばかり、全身からは霧を吐くような勢いで動作しました時には、おりからの烈風をも圧倒したかの気概がありました。満場は粛然として、ジット見詰めたまま眼球を動かす者すらありませんでした。静岡教育雑誌には次のように書かれてありました。『川合講師は、うやうやしく御前に奉仕して強健術を御覧に入れると、両殿下は瞬《まばた》きもせずにお見詰めになられた。その健気な様子を拝見した我々は、ただただ神々しさと凛々しさとに、心が引きつけられる他無かった』云々と。数分にして、全練修を終わり、うやうやしく敬礼して、退座しますと、田沢内務書記官は非常に喜んで、『空前の出来だ』と言ってくれました。宇津木先生は、私の著書を人々と輪読までなさると聞きましたが、この時、ツカツカと、私のそばへ寄られ、『川合さんが、殿下の御前で、おやりになっているのを見ま

したら、どうしたことか無性に涙が浮かんで来て、とめられなかった』と申されました。（体格改造法）

また、この第二回天幕講習会では、富士登山が行われ、春充も受講生を引率し、一行百十六人一人の落伍者もなく富士山頂に立っている。さらに、この講習会には春充のよき理解者である二木謙三《ふたきけんぞう》も講師として招かれていた。

20　冬期天幕講習会

次に行われた天幕講習会は、大正五年十二月二十八日から大正六年一月二日にかけて、二荒芳徳《ふたらよしのり》の主唱、尽力により沼津桃郷《ももざと》（現在の沼津市桃里）学習院水泳所において開催された。この講習会にも、講師として田沢義鋪《たざわよしのり》、山下義信《やましたよしのぶ》、小尾晴敏《おびはるとし》らが招かれていた。春充はこの時の講習会について次のように記している。

二荒芳徳伯は、私の深く愛好敬慕する人であります。その性質の純美なるは、天品であります。氏は自ら主催となって、大正六年一月、沼津桃郷に冬季天幕講習会を開かれ、終わって、能勢《のせ》女子高等師範校長と共に甲州に遊び、わざわざ、亡父の墓参りをして下さいました。寺に近づきますと、小川のある所をたずねて、手を洗い、口をすすがれ、さて、石碑の前に進んで、姿勢を正されました。そして静かに脱帽、合掌、礼拝されました。その敬けんでおごそかな態度に、私は感激の熱涙を止めることが出来ませんでした。（体格改造法）

二荒芳徳（出典：敢然頂角を往く）

こうして二荒と春充との親しいつき合いは、春充の晩年に至るまで続くことになる。

第六章　「聖中心」落節

1　結婚

天幕講習会で幕を開けた大正六（一九一七）年一月下旬、春充は伊豆に滞在している。そして月が明けた、二月十一日、静岡県田方郡対島八幡野《たがたぐんたじまむらやはたの》（現在の静岡県伊東市八幡野）の医師肥田和三郎《ひだわさぶろう》、松子夫妻の長女孝子《たかこ》の婿養子となる。当時春充は、数え年三十五歳。仲人は、義兄弟の契りを結んだ山下信義《やましたのぶよし》であり、間宮珪雄《まみやたまお》（生没年不明）と池田宏《いけだひろし》（一八八一～一九三九）との世話で、この二人の親戚に当る肥田家に婿入りしたのである。

結婚当時の春充と孝子（不二山荘蔵）

肥田家は、勝海舟が渡米した咸臨丸の機関長を勤め、日本初の蒸気機関付軍艦千代田形を製造、その後横須賀造船所長を経て、宮内省初代御料局長官などを歴任した肥田浜五郎《ひだはまごろう》（一八三〇～一八八九）を生み出し、浜五郎以外にも多くの慈医、篤志家を輩出した伊豆の名門である。

結婚を世話した、間宮珪雄は、静岡県三島町在住の医師である。後年脳溢血で倒れた際、春充の天真療法で一命を取り留め全快している。また、池田宏は内務書記官、京都府知事および神奈川県知事を歴任した人物である。

肥田家は、八幡野の見晴らしのよい小高い丘の上に位置し、そのすぐ横に南伊豆最古の社ともいわれる八幡宮来宮神社《はちまんぐうきのみや》が鎮座している。この来宮神社は、肥田家の先祖が神官を務めていた。この地を春充は、次のように記している。

私の家は、村を離れてただ一軒古木大樹の森々たる小山の上にあります。断崖約三十メートル、一條の道が背後に通ずるのみです。要害堅固な天然の城同様であります。家のまわりの藪には、数羽の雉が飛び歩いております。茂った梢には、鳩が鳴いております。裏庭に出ますと、東と南にポエチカルな茅葺《かやぶ》きが、チョボツチョボツと見えるばかり、瓦屋根は数える程にしかありません。荒寥たる景色は、心奥の寂寞と共鳴しまして、目覚めるばかり、鮮やかに眺められます。(体格改造法)

肥田家屋敷（出典：自由時間 No.36）

熱海、下田間の自動車が、伊東を発し崎原の原野を走って八幡野に入り、対島村役場のそばの停留所を過ぎて、稲取の方に向かい谷間に沿って約二百メートルから三百メートルも上って行くと、北方の空をふさぐようにしてそびえ立っている、一つの小山を見出すであろう。南に面して正面に日を受け、急勾配の周囲は杉林で包まれ、頂きにはイチイガシ、タマグス、カシ、シイ、ミズキ、アオキ、桜、エノキ、サルスベリ、ヤマモモ、松、タブ、ハゼノキその他の老木が入り交じりコンモリと美しく茂っている。その幹の間から、瓦屋根が見える。その後ろは、澄みきった青空であっても、あるいは白雲が伸び広がっていても、いずれにしても崇高な小山の姿だ。神社にしてはあまりに山のてっぺん過ぎるな。お寺にしてはチト明る過ぎる。と言って普通の家としては、アンナ山の上ではさぞ不便であろうと、そう言う感じが見る人の頭の中に浮かぶであろう。それが私の家なんだ。

（聖中心道　肥田式強健術）

この新たな永住の地を春充は、こよなく愛でた。甲州の大自然の中で育った彼は、たとえ東京の中でも自然の片鱗に触れて、自然の中での暮らしにあこがれていた。当時交流があった、村井弦斎《むらいげんさい》の平塚における牧歌的生活や、徳富蘆花《とくとみろか》の田園生活の影響もあったに違いない。

徳富蘆花と春充（出典：強い身体を造る法）

そんな、自然への思いを次のように綴っている。

私が最も希望しておりますのは、自然を友として、自ら鍬《すき》をとり肥料を施して、田園生活をすることです。天は果たしてこれを、私に許して下さるでしょうか。どうでしょう??（強い身体を造る法）

この言葉は、結婚の約半年前に出版された、『強い身体を造る法』の中に見られるものである。その予想もしなかった希望の生活の喜びを、春充は次のごとく語っている。

いつわりなき自然美と、愛すべき寂寞とを友としまして、…人道の戦列から、落伍していますのは、はなはだ不甲斐ないとは思いながら、…今日も、これから—山の道造りをするんです。…昨日は、木を切り材木運びをいたしました。…（事のそれが何でありましょうと、—大臣の仕事であろうと、土ン百姓の草むしりであろうと、…そんなことは構いません。一日でも無駄に過ごしては、申訳がないことです。流れる汗は、健康の雫であります。粗食にも、美味と感謝とを与える甘露であります。—人は暑さに、ウーウーとうなっております夏の真昼、猿股一つの素裸、帽子もかぶらず裸足のまま、輝く夏の太陽にさらされながら、掛声と共に斧を木の根に振るいますと、土ぼこりは、パッ、パッとほとばしります。汗みずくの体は、たちまち泥にまみれます。私は熱に耐える壮快さに叩かれて、微笑の頬にこぼれるのを、止めることが出来ません。畑の耕作、肥料かつぎ、薪負い、…劇曲的農夫の労働、まるで遊戯のようですけれども汗をしぼることは、いつでも愉快なものです。禅の真理と言いましても、この味わいのあるおもむきの真髄を、味わうのに過ぎません）…かようにして、まるで鳥がいない里の蝙蝠《こうもり》ではありませんが、寡黙にうごめき、カタツムリのように私の生は進んで行きます。…されども言葉なき神の詩歌は、その壮麗な姿を、天と海と山と森との上にばら撒いております。――（体格改造法）

また、村人に、動物達に亡き父、母の面影を重ねることもあった。

一日の労働を心楽しく終えまして、もう薄暗くなりました夕暮、山を下って家の坂口まで来ましたら、七十四歳になるやとい爺さんが、サツマイモを一俵背負ってヨロヨロしながら、杖を力に登って来ました。爺さんは病み上がりの体だから、休んでいるように勧めましたが聴きませぬ。『年寄りは、休んだって同じ事です』と言って、朝早くから夕方遅くまで働いているのです。私は今ヨロヨロと登ってきた爺さんの重荷を、後ろからかつぎ上げてやりました時、神聖な土ぼこりは、俵からこぼれました。私はこの無学な爺さんの姿に、仏様のお慈悲を読むことが出来ました。何とは知らず、涙ぐまれました。

（体格改造法）

恐らく、春充はこの勤勉な老人の背中に、亡き父立玄《はるつね》の姿を、重ね見たに違いない。そして、次の話は、亡き母と兄弟姉妹達、そして自身の姿を重ね見ていると思われる。

雌鶏が、二つの卵をかえました。ところが、一羽は殺され、一羽だけが成長しました。ところがその親鳥がイタチのために捕らえられて行って、死骸さえ知れませんでした。私が山へ行きます時、孤児になった雛が群を離れて、淋しそうに門の外で遊んでいるのを見受けました。私は不憫に思いまして、その辺へ菓子の屑を振り撒いておいた事もありました。…『おれと来て。遊べや、親のない雀』。（俳人一茶、早くに両親と死別し、親戚の家に引き取られ、ひどい扱いをされる。八歳の時、縁先に座って一羽の雀が梢にさえずるのを眺め、この句を作った）（体格改造法）

近くの山に登れば、懐かしい富士山が遥かに望まれ、岡の上の屋敷からは、輝きわたる南国の海の水平線上に、大島をはじめ伊豆の島々を見渡し、その先には房総半島を望む絶景の地。すぐ隣には、南伊豆最古とされる、創建千二百年をこえる八幡宮《はちまんぐう》来宮《きのみや》神社が、松、杉、椎、樫の古木にうっそうと取り囲まれ、昼なお暗くひっそりと建つ。この仙境とも呼べる八幡野《やはたの》の地で、春充の境地は益々深まっていくのである。

結婚したその年の十月に、春充は、第十五師団の作業演習

村人と畑仕事をする春充（出典：体格改造法）

に参加している。この演習において春充の容貌があまりにも若く見えるので、師団の参謀、経理部長、軍医部長始め皆、春充のことをどうしても二十三、四歳位にしか見えないと言ったという。当時春充は、数え年三十五歳であるから、十歳以上若く見られたことになる。春充は、この若さの秘訣を次のように考察する。

私は、適当な鍛錬を絶えず身体に施しましたならば、歳は取ってもフックリした若さを保たなければならぬ筈だと信じております。（体格改造法）

合理的鍛練こそ、まさしく根本的な若返り法であると私は確信している。（心身強健術）

一体、身体各部の組織が老衰するのは、細胞が生活作用を営んで絶えず毒素を生ずるからで、これさえ常に除き去ってやれば老衰も死も来ない訳である。複雑な人間の各機関の有毒物を、理想的に除き去って永久に生きるなどということは、容易ではないだろうが、単に老衰を防ぎ発達した活気で生を楽しむことは、合理的運動による血液の洗浄作用で、その目的を達し得ることを私は確信して疑わぬものである。これが即ち不老長生の根本秘訣である。（独特なる　胃腸の強健法）

最後の文は不老不死の可能性にまで触れているが、合理的鍛錬によって新陳代謝を確実に行うことにより、老廃物、有毒物を排除し、栄養を全身に行き渡らせることは、老化を防止するとともに、後に編み出される

「天真療法」にも応用され、治病の重要な要件の一つとなる。

2 執筆と長女誕生

結婚した大正六年から、翌年七年にかけて、春充は新しい著作『心身強健 体格改造法』の執筆にとりかかっていた。その執筆動機は、著作の始めに書かれている「ことわり」に次のように語られている。

東京加藤病院内の道場におきまして、一般特志者のために強健術の教授を致しますこと、大正三年からここにもう五ヶ年となりました。根本の要則は変わりませんけれども、枝葉の方式について多くの改良を施しました。この書は、さきに『心身強健術』に説きました硬い方の鍛錬法に大訂正を加えたものでございます。――(軟らかな方法は、『強い身体を造る法』に書いてあります)(体格改造法)

硬い上脚二頭筋の型
(出典：体格改造法)

軟らかい上脚二頭筋の型
(出典：強い身体を造る法)

強健術は、「硬い鍛錬法」と「軟らかい鍛錬法」の二種類に分かれるが、今回「硬い鍛錬法」に大きく改良を施したため、それを発表する必要性が生じたのが大きな執筆動機である。この「硬い鍛錬法」とは、後に「気合応用強健術」と呼ばれるものであるが、この「気合応用強健術」の最終形態にほぼ近いものがこの『体格改造法』に発表されることになる。春充は、「軟らかい鍛錬法」（後の簡易強健術）を考案している間も、それまでの強健術に改良を施す手を休めてはいなかった。強健術は進化し続けていたのである。

また、結婚して伊豆八幡野《やはたの》に住むようになってから、東京京橋にある加藤病院に併設されている強健術道場は弟子に任せ、春充が道場で直接教授することは少なくなった。次のような案内がある。

なお、この方法は、私について直接練修を受けた人々が、東京京橋区木挽町六丁目十番地、平民病院内道場において毎朝、献身的に教授しておられます。十回位で、一通り型だけは会得することが出来ましょう。また、近くの方々で方法に御不振の点がございますれば、御遠慮なく道場へ御尋ね下さい。懇切丁寧に説明して下さる事でしょう。私も時々出場致します。（体格改造法）

山梨に住んでいた頃は、強健術について、質問を携えた者が直接春充を訪ねてくることもあったそうであるが、結婚して伊豆八幡野に住むようになってからは、次の文のようにこのような訪問を断るようになった。この傾向は、晩年に至ってさらに顕著になり、屋敷の入り口に「面会謝絶」の立て札を立て、人と会うことはめったに無かった。

かつて、二六新報および報知新聞に私の談話が連載されました時には、遠方からわざわざ甲州の山奥までおいで下さった方も多くございますが、今度はそのような事は堅く『御断り』申して置きます。各地の講演会には、つとめて出ますから、読者諸君にお目に懸かる機会は、たびたびございましょう。

（体格改造法）

さらに、『体格改造法』には、改良された「椅子運動法」の解説と写真も掲載されている。これは、『心身強健術』に発表されたものから大きくその形と方法が変わっている。主に、『強い身体を造る法』に発表された「軟らかい方法」を取り入れ、その呼吸の仕方をも加味したものとなっているのがその特色である。

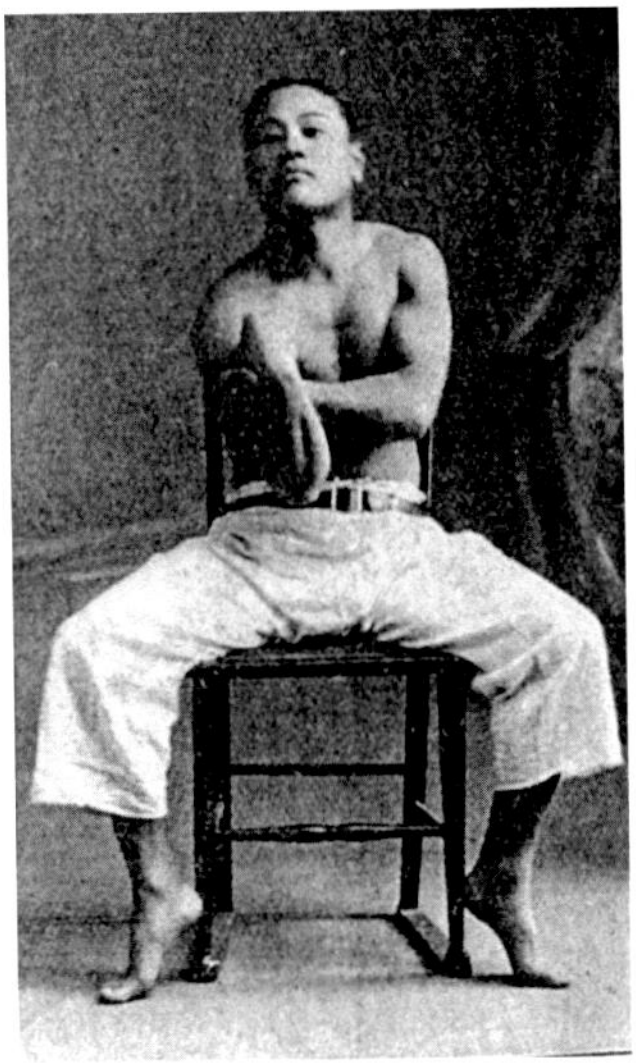

改良された椅子運動法
上腕二頭筋運動（出典：体格改造法）

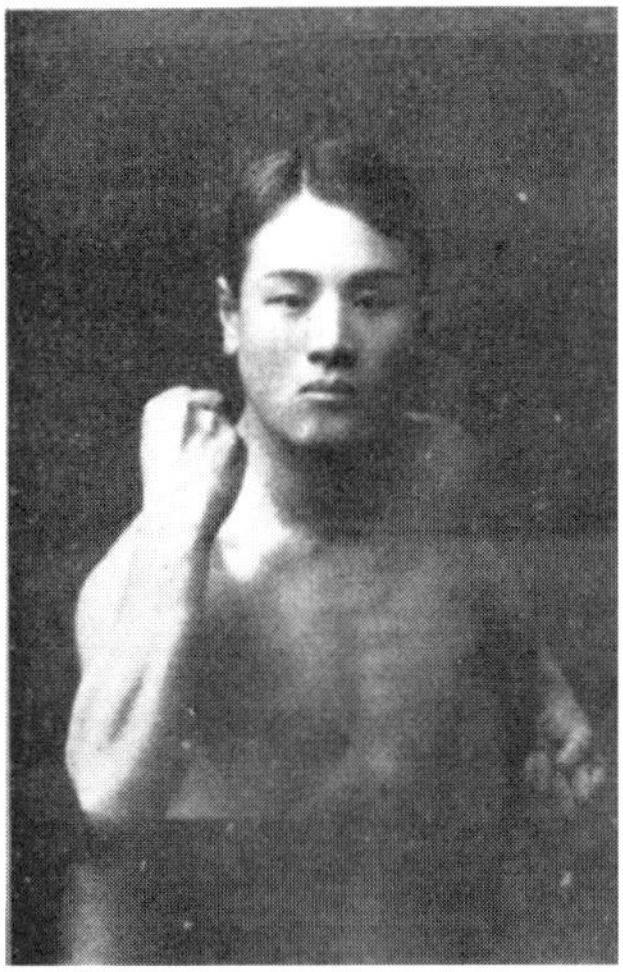

以前の椅子運動法
上腕二頭筋運動（出典：心身強健術）

『体格改造法』表紙

この『心身強健　体格改造法』は大正六（一九一七）年から七（一九一八）年にかけて執筆されたものと考えられ、大正七年八月に尚文社より出版される。さらに時を置かず、大正七年頃より次の著作、『強圧微動術』の執筆を始めている。結婚して八幡野に住むようになってからは、鍛錬と著述に明け暮れていたようである。当時、何を生業としていたのか、残された著作からはたどることができない。恐らく、著述の原稿料と、講演料がいくらかあり、それと自給自足の生活を基本としていたのだと考えられる。

そして大正七年五月七日、長女が誕生し、紀子《のりこ》と命名する。またその翌々年、大正九（一九二〇）年二月一日に次女和子《かずこ》が誕生している。

3　『強圧微動術』の出版

次女和子が誕生した大正九年六月には、『強圧微動術』が尚文社より発行され、天覧となっている。

『強圧微動術』は、『心身強健術』の中で「自療力誘導術」として言及されてはいたが、考える所があり詳細を解説するのを省いていたものを発展、深化させたものである。「心身強健術」に発表した後には、雑誌『実業の日本』に一度だけその具体的な方法を、「肥田式微震法」として発表したが、それ以降は発表に慎重な態度を取ったという。その理由を、春充は次のように言う。

その理由は多々あるけれども、一般の催眠術療法や心霊療法などをやる人達の態度に平生あきたらなかった私は、それらのものと混同される事を厭うたのは、その主なるものの一つである。それで今まで、幾多の先輩知人から、しきりにその公表を強いられたけれども、終に聞き入れることなくして、今日に至った次第である。(強圧微動術)

これによれば、当時流行していた、催眠療法や心霊療法と混同されるのを嫌ったからであるという。それでは「強圧微動術」とはどのようなものなのであろうか。以下にその概要と、強健術との関係について触れてみたい。

まず、強圧微動術の発想は、「強健術で、虚弱な体を、改造したように、これを病人に応用することは、出来ないだろうか」というものであった。しかし、強健術はそのまま病者に用いることは出来ない。強いて用いれば有害危険である。ただ、仰臥して行う胸腹式呼吸法だけは、慢性病者、神経性諸症、軽症の患者には効果がある。しかし、病人には呼吸法を行うことすら、苦痛である。また、効果は、あるにしてもこれを行うだけの気力がない。

『強圧微動術』表紙

このように強健術を、そのまま病人が行うことには無理がある。しかし、強健術が虚弱を強健に変化させた原理は、そのまま応用できるのではないかと春充は考えた。春充はその原理を、「血行を良くし」、「神経の働きを良く」することであると考えた。そして、それらを「良く」するためにはなんらかの刺激を与えれば良いと考えたのであった。

その刺激には、物理的刺激と、精神的刺激があると考え、強健術で筋肉や内臓を発達、健康にさせたのは、物理的刺激であり、気合によって、精神を中心と目的の筋肉に込めるのは精神的刺激であるとした。そして、春充は次のように結論づける。

しかし病人は自分で色々の事をして、自分の心や体に刺激を与えることは出来ない。病人の心はいらだち、体はうみ疲れている。そこで私は、一定の姿勢をとらせて全身に休養を与え、さらに心理的暗示によって精神を安らかにし、かつ皮膚、筋肉、神経、循環器、内臓などに、一種の刺激を与えて各人の中心、即ち下腹丹田に潜在する自療力の発動を促すの方法を考案したのである。これ即ち、私のいわゆる強圧微動術である。（強圧微動術）

ここに強圧微動術の原理が、語り尽されている。まず、病者の精神を安定させる、その手段として、休養の姿勢をとらせ、心理的暗示を与える。次に肉体に刺激を与える。その方法は、両手指先の軽い接触と振動を、武術に伝わる急所と、骨格の関係から考え出した一定の場所に与える。そのようにして各自の下腹丹田、即ち中心に内在する自療力の発動を、促すのである。このように、強圧微動術は強健術とその原理、発想を同じくしている。強健術の原理をさらに一般化し、普遍化させ、健康人ばかりでなく、自力で肉体、精神に刺激をあたえられない病人にまで拡大したものと言えよう。

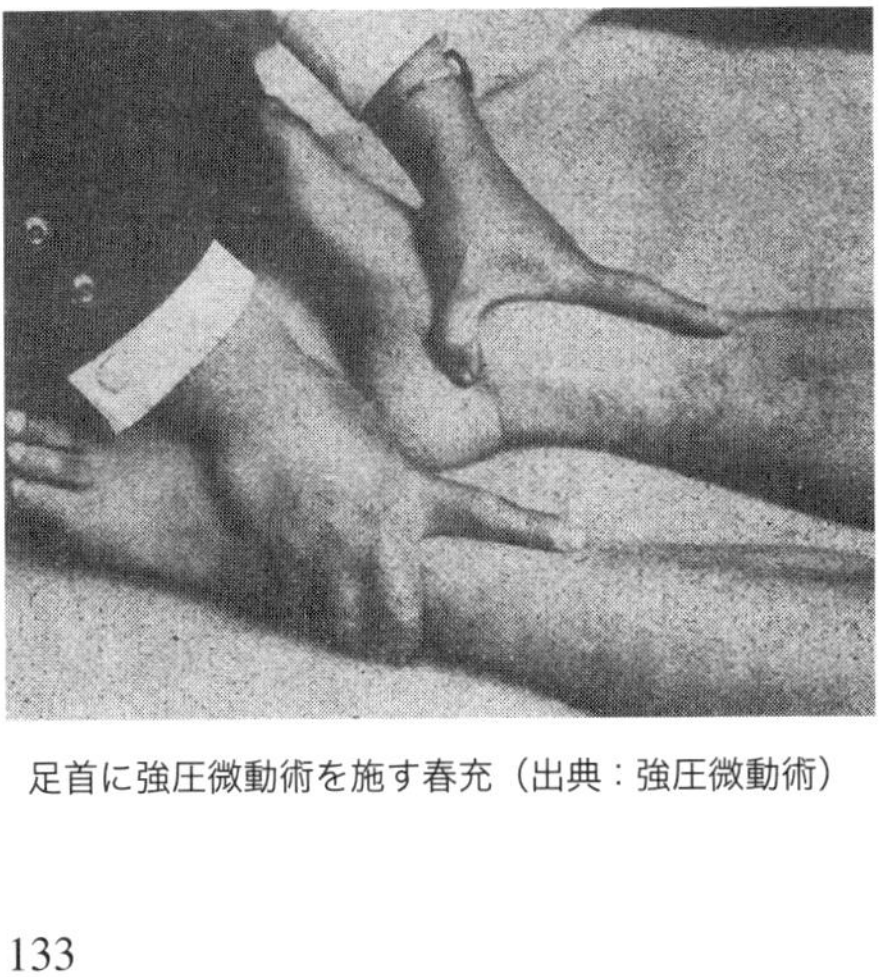

足首に強圧微動術を施す春充（出典：強圧微動術）

4　心境の深まり

八幡野《やはたの》に住むようになってから、春充の心の境地は一層の深まりを見せている。それは、八幡野に入ってから執筆された著作に、哲学的、宗教的な記述がこれまでよりも多くみられ、肉体的感覚の深まりを感じさせる文章も増えてきているからである。それまでは、肉体的鍛練と、精神的鍛練をひとまず分け、肉体の鍛練を突き詰めていった先に、精神の鍛練を兼ね備えるという発想であった。そしてその境地は、下腹部に力を入れ、氣合いを込める「中心」の把握により、さらに深まったのである。以下、春充の心境の深まりを、処女作『実験　簡易強健術』から簡単に辿ってみたい。

『実験　簡易強健術』の頃は、精神をもって精神を支配することの困難さを、経験により知悉していたため、運動と観念を分離し、もっぱら運動に集中し、その修養によって精神の修養も兼ねるものであった。春充は、言う。

修養を積んだ者ならともかくも、内観の工夫などは我ら凡人のたやすく出来る業ではない。こんな余計なものを体育と平行させて、体躯を使役した上に精神までいじめるのは不都合である。こう言う自分も観念だか野狐禅《やこぜん》だか知らないが、精神の統一のためにはずいぶん苦しんだ。炭俵のカラを樹上にくくり

つけて、幾夜かその上に座したこともあるが、結局、下根の我々はかえって煩瑣に陥りやすいことを悟った。（実験 簡易強健術）

他にも、王陽明の「山中の賊を破るは易く、心中の賊は平らげ難し（山中に立てこもる賊を討伐することはやさしいが、心の中の賊、邪念を打ち破ることは難しい）」の言や、禅宗の第二祖である神光《じんこう》（慧可《えか》）が、自らの心を安らかにするべく、達磨に入門するために、自らの肘を斬り落とし、その決意を示した「雪中《せっちゅう》断臂《だんぴ》」の逸話などを引用し、これら達人にして心を修めることは容易ではなかったのであるから、ましてや凡人においては至難の業であるとしている。こうしたところにも、観念と運動の分離の発想の原点があると考えられる。

その後、観念と体育を分離し、体育に専念した結果、肉体を持って精神を支配し得ることを発見する。それが、「瞳光《どうこう》の不瞑《ふげい》」であり、頸《くび》を整え、下腹部に力を込める「気合い」である。そしてそれは、「気合い」感覚が深まり「中心」を実感することにより、新たな要件としての第六の要件、「気力の充実」となるのである。身体を機械的に操作することで、一切観念を使用することなく、自動的に精神が統一される様を春充は次のように表現している。

腹筋と頸部《けいぶ》筋肉との緊張を、呼吸と調和させて瞳光を不瞑にすることである。一言にして言えば『気合』

を込めてやるのである。ひとりでに無我無心になってしまう。この時においては、運動もなく、我もなく、善もなく、悪もない。何ら精神的の条件の無い所に、期せずして無念無想となり虚無恬淡《きょむてんたん》となり、精神は自ら統一され征服されるのである。そしてその時の精神こそすなわち、いわゆるあらゆる場所で王のように主人公となる事を得るもの。身体を支配するようなことは、まことにたやすいものであろう。

(心身強健術)

「気力の充実」とは、精神力の養成です。腹筋と頸部筋《けいぶきん》とに調和した瞬間の緊張を与えて、両眼と唇とを生かすのでして、精神はたちまち統一されます。統一しようと努めるのではありません、形の上からいって統一されてしまうのです。(強い身体を造る法)

そして、「中心力」による精神の支配の経験が深まるにつれ、それが初期の頃困難であった、禅や内観法の原理に一致することに気がついたのであった。

静座や座禅の真の妙味は、強い体と正しい姿勢とでなければ、断じて解るものでは無い。断じて分らない。(強い身体を造る法)

この文は、『強い身体を造る法』の中に見られる言葉であるが、この著を執筆していた当時、春充は山梨において、強健術と禅をともに修練していた。この頃、春充が尊敬していたのが、後にも触れる白隠禅師の門下峨山慈棹《がざんじとう》禅師であり、峨山が肉体鍛練と精神修養のどちらも重視していたことを高く評価していた。

峨山禅師は、(私が仏門で最も尊敬していますのは、近代では白隠禅師と峨山禅師です。釈宗演《しゃくそうえん》の如きは、俗の俗たる生臭坊主だ）暗夜しばしば大石を持ち上げて汗をしぼり、それから土の上で座禅したという事ですが、私も真っ暗闇の中で全心全力を籠めて練修し、それから草上に座して、瞑想をこらすことを好みました。時は大正四年八月三日、所は富士の北麓一乗寺の森の中。(強い身体を造る法)

肉体の中心を鍛えることがまた、精神修養の要訣である。ドカッと、腹へ力のまとまる要領が解かった人でありませんと、気合や禅の妙諦は味われますまい。(体格改造法)

これは、八幡野に入ってから書かれた最初の著作『体格改造法』に見られる言葉である。また、禅の妙諦と中心を鍛えることが同一であると言及している初期の文章としても注目される。この頃より春充の境地は段々深まっていったと考えられる。

当時の禅の境地に通じる言葉として、次のようなものがある。

○黙々として目覚め、黙々として食し、黙々として働き、黙々として念《おも》い、黙々として修め、黙々として臥す。—独自一個の聖楽境—。（体格改造法）

○『汝は、活きているのか?それとも、死んでいるのか?』と問う者があった。それに答えて曰く、『どちらでもなく、そして両者を兼ね備えている』と。（体格改造法）

○アレはアレ、ソレはソレとしておけば良い。山は自然に高く、水は自然に流れる。法門は無量であり、天地は無辺である。（体格改造法）

○大道は、遠い昔から変わらない。形勢は、刻々と変移している。（体格改造法）

そして、次の言葉などは、後の実践的哲理「宇宙倫理」にも通じるものである。

○質量不変の法則、定比例および倍数比例の法則などは、精神界、心霊界にも厳として明らかに存す。（体格改造法）

○万物の動静は—（形而上においても形而下においても）—（凝集力と拡散力との）—（物質的に精神

的に）――競合なり。（体格改造法）

○科学を離れて、宗教なし。宗教とは、徹底した科学なり。（体格改造法）

このように、処女作『実験　簡易強健術』を執筆した頃は、主に肉体的鍛錬を主とし、あえて精神的鍛錬と分離していたが、その肉体的鍛錬を深める中に精神を肉体操作によって支配することが出来るようになる。すると、それまで不可能と思われていた禅的修養などの精神的鍛練が、図らずも根底で強健術の根幹である「正中心」鍛錬と通じていることに気が付いたのである。そして、八幡野《やはたの》に住んでからは、益々この境地が深まっていき、著作にもその色合いが濃く出てくるようになる。

5　兄信水の影響

このような、禅や、内観の修行を熱心に行った理由の一つに、兄信水《しんすい》の存在があると考えられる。信水のキリスト教信仰は、宗教的修養、実践体験を主とし、単に悔い改め、神による救済を信じ祈る従来のキリスト教とは一線を画していた。信水は次のように述べている。

「天父が完全であるように、汝らも完全なるべきである」という教えを考えると、神に信頼するだけでは足らぬ。これを愛慕し、学習し、合一することが大切になって来る。つまりこの神の大と合一して、そうして我々の人格が大きくなる。古人の言葉に「天地と一体になった。」と言うことがあるが、これは神の大、道の大と合一して体験した境涯である。（郡是の川合信水先生）

こうした境涯を獲得するため、信水は「祈祷」、「瞑想」、「聖書の心霊的研究（聖書の言葉を悟っていく方面）」、「道徳的研究（聖書の言葉を実行する方面）」の四つを修行法と定め、特に瞑想と祈祷に主力を置いた。

信水が最も初期に、基督教を学ぶため聖書に書かれていることを実践したことは、すでに見てきたが、このような信水の修行の特徴を語る次のような逸話がある。

　東京の女学雑誌社で働いていた頃、信水は聖書のコリント前書十三章四節から七節に語られる「愛は忍耐強く、愛は情け深い。愛は、ねたまず、誇らず、高ぶらない。礼を失なわず、自分の利益を求めず、軽々しく怒らず、恨みを抱かない。不義を喜ばず、真理を喜び、すべてを忍び、すべてを信じ、すべてを望み、すべてを耐える。（「聖書」日本聖書協会新共同訳を参照した）」という言葉から自身の生き様が外れないよう日々実践していた。中でも激情家の信水が最も苦労したのが、「軽々しく怒らず」であった。ある時、信水に非常に無礼な態度をとる人物が現れた。その時は怒りをなんとかこらえてやり過ごしたのであるが、後から人はごまかせても、神にはこの怒りの気持ちを見抜かれているであろうと非常に自分を恥じる。そしてこの怒りの気持ちに完全に克《か》つため、信水は会社を休み故郷に帰り、桂川の激流中の巌《いわお》に座って次のように瞑想し祈った。「我を怒らすものが、この白波のごとく間断なく襲ってこようとも、この岩の動かざるごとくありたい」こうして三日間座り続け、三日目の夕方「今や可なり」という啓示を受けた。この後自分のために怒るということは無くなったという。

桂川の巌の上で瞑想する信水
（出典：基督の心 191）

　兄が巌に座り怒りの心を克服していた頃、春充は小学校に入学したばかりで、まだ茅棒《かやぼう》と呼ばれていた。聖書の言葉を身をもって実践し、瞑想している兄の姿は幼い春充に強烈な印象を残したに違いない。しかし、先にも見たように木の上に俵をくりつけ、その上で座禅の真似事をしたけれども失敗した経験をもつ春充は、そのような精神的修養は、兄のような才能のあるものにしてはじめて可能であることを、痛感したのであろう。だから、あえて初期の頃は、精神的鍛練と肉体的鍛錬を分離したのだと考えられる。

このように、春充の精神的鍛練と肉体的鍛錬の考え方の根底には、兄信水《しんすい》の影響をうかがうことが出来るのである。

6　迷信と新興宗教

大正十（一九二一）年、春充は、一月から二月にかけて、京都綾部の「郡是製糸」へ、強健術を教授に出かけている。そしてここにおいて、当時流行しはじめていた大本教を批判する講演を行っている。春充は、強健術を研究している陸、海軍軍人の何人かが、大本教の信者となり、大本教の機関誌や書籍類を送ってくるので、その活動内容は熟知していた。

私は大本教の機関誌が来ると、便所へ持って行って吊るして置き、時おり閲読しながら不浄の用に供しておった。なかなかうまい、良いことが書いてある。だが、それら名言佳句のほとんどすべては、たいがい他の聖賢の書から引用して来たものを換骨奪体し、それに大本の衣を着せたのに過ぎないことが、浅学私のようなものですら、一々指摘することができた。（聖中心道　肥田式強健術）

しかしどんなに教えが立派であっても、肝心なのは教主の人格が重要であると春充は続ける。

要は教主そのものが、高潔至誠の人格を備えているかどうかに帰着する。この点において私は、ゼロよりもむしろマイナスであることを見破っておったので、大正十年二月十日、私は大本の総本山綾部において講演の際、この唾棄すべき、人を欺く似非《エセ》宗教に向かって、痛烈な攻撃を加え、前記のように一切の記録は、便所の中へ持って行って吊るして置いたことをも付け加えたのである。聴衆の中には無論、大本に熱心な有力者もおったのであるが、鉄壁をすらブチ砕くような力をもって語る私の演説に対して、一語も発する者は無かったけれども、さぞや傲慢な理屈のわからぬ男と、不快な感を抱いたものも多かったろうと私は思っておった。

その翌日、私は上京したのであるが…どうだ。タッタの二日後の二月十二日、快漢藤沼警察部長によって、彼の第一回の大検挙が行われたのだ――。（聖中心道　肥田式強健術）

このように、春充は似非宗教、新興宗教に対しては徹底的に、その欺瞞、偽善を厳しく批判しており、この態度は晩年になるに従ってさらに先鋭化してくる。春充が、新興宗教などを糾弾する理由の一つとして、周囲に兄信水《しんすい》をはじめ、押川方義《おしかわまさよし》らのような一流の宗教家達が存在していたことがあるだろう。春充は、そのような宗教家を次のように讃している。

私の知っている希代の大宗教家で、その真価を知られていないものが三人ある。押川方義師と新井奥邃《あらいおうすい》師と、そして我が兄川合山月《さんげつ》（信水）とである。新井奥邃師のごときは、全く世間に隠れた生涯をもって世を去ってしまった。けれどもその宗教的体得の深奥なることに至っては、果てしなく広々としてその極まる所をうかがうことが出来ないものがある。（聖中心道　肥田式強健術）

春充が尊敬する宗教家として、押川方義と兄川合信水および世に隠れた宗教家として新井奥邃（一八四六～一九二二）という人物を挙げている。押川と新井については後に詳細に触れることになるが、いずれの人物も春充がその境地の高さと人物の高潔さを高く評し、またその境涯とは裏腹に世間的にはほとんど無名であったことが共通している。

また、春充が押川、新井とともに尊敬している信水は、春充が郡是製糸を訪れたこの時に、はじめて自身の信仰と体験を春充に語ったという。最も親しい身内にすら秘して陰徳を積む態度は、現世利益と奇跡を売り物に信者を集める新興宗教の教祖らのとても及ぶ所ではない。この年大正十（一九二一）年、信水はすでに師である押川方義《おしかわまさよし》も認める境地に達していた。

7　郡是製糸と信水

ここで、これまで春充を支え続けて来た信水《しんすい》にしばし目を移したい。そもそも、春充が京都綾部の「郡是製糸」（現　グンゼ株式会社　GUNZE LIMITED）に強健術を教授しに訪れたのは、信水が郡是製糸の社員教育を担当していた縁による。

信水は、郡是製糸を創立した波多野鶴吉《はたのつるきち》（一八五八〜一九一八）社長の要請によって、明治四十二（一九〇九）年四月に郡是を訪れる。波多野は敬虔なクリスチャンで、聖書の「善き木は善き実を結び、悪しき木は悪しき実を結ぶ」という言葉より、「善い人が良い糸をつくり、信用される人が信用される糸をつくる」との信念を持っていた。そのような人材を生み出す教育を行いたいと考えた波多野は、訪れた信水に、

「職工は親から委託された者であるから、これを教育して善い人に致したい」

波多野鶴吉（出典：郡是四十年小史）

と語ると、信水は、

「職工を善くしたいと思うなら、先ず第一に貴方《あなた》御自身が善くならなければなりません」

と答えた。この言葉に感じ入った波多野は、

「先ず私から御教示を受けたいと思いますから、どうかおいでを願いたい」

と、申し出、率先して自ら学んだ。


こうして、郡是に教育部が発足し信水は教育部長に就任する。信水四十二歳の時である。当時、春充は数え年で二十七歳、東京において三大学四学科に籍を置き、最終学年を迎えていた。

信水の教育は、社長波多野が自ら教えを受けたように、工女のみならず重役、工場長なども含めた会社全体におよぶものであった。また、信水は「教育をする時は、利害の関係を離れて、全く従業員を愛する心を持ってし、ただ彼らが会社に居る時のみならず、一生涯幸福であるように考えて、教え導くことが大切」であると考えた。このように信水の教育は、単なる従業員教育、技術教育にとどまらず、社外の生活、精神面までにもおよぶ全人的なものである。さらに、利害の対立する労使の立場を超え、全社員を一人の尊重すべき人格と見て行う信水の教育によって、日本全国で労働闘争が激しさを増しつつある中、郡是製糸にはそのような対立は全く見られなかった。

さらに、信水は大正四（一九一五）年に郡是の社訓を制定している。その概要は次の通りである。

社訓

誠を一貫して
完全の天の道を尊崇し
常にへりくだり
完全の信仰を養い
完全の人格を修め
完全の勤労をつくし
完全の貢献をなす
ことを祈願し実行する（郡是四十年小史）

この社訓は「完全訓」と呼ばれ、その基礎は「誠」であり、「完全」を目標に、「仏」でも「神」でもなく、あらゆる宗教、宗派を包容した「天道」を尊崇することにある。信水はこれを更に簡略化して「誠実に完全」にと、表現している。これは、利益を得ることを目的とせず、道を信じ、人を愛し、職分を重んじ、完全の勤労を尽くすことを第一義として、その結果自然に利益が得られる道を立てたものである。

当初、信水が教育部長に就任すると、これに対する反対運動が少なからず起こった。その主な主張は、「教育など無用な事に金を使わず、その金をもって機械の改良を計った方がよい」、「あんな話をして聞かせるから、能率が減ずるのだ」などという功利的観点からの批判であった。しかしそのような批判とは反対に、社訓に基づく会社経営によって会社は発展し、新工場が次々と建設され、郡是は模範工場としての名声を高くする。さらに社訓制定の二年後にあたる大正六（一九一七）年には、皇后陛下が視察する光栄を得ることにより、自然と反対運動は鎮まっていった。

当時、信水の友人でもある岡山孤児院の創立者石井十次《いしいじゅうじ》（一八六五～一九一四）が、郡是を視察した感想を次のように語っている。

社長に案内されて工場の中を歩いて見たが、一人のよそ見をする者も無く、粛然としてまるで森林の中を行くようであった。（郡是の川合信水先生）

また、『主婦の友』昭和十年十一月号には、婦人問題評論家、母性保護運動などで有名な、山田わか（一八七九～一九五七）による「日本の誇りとして名高い、郡是製糸の工女生活を視る」と題する次のような記事が掲載されている。

午後八時三〇分より、基督賛（信水の著書　著者注）朗読、十分間瞑想、この瞑想時こそ、一層厳粛そのものです。それぞれの居室――部屋には必ず、床の間、掛軸、生花があり。キチンと整頓されて、廊下の草履一足歪んでいない――において、室長指導の下に、ズラリ並んで合掌、ピタリと声を呑む。これが全国にわたる三十四ヶ所の工場において、二万の従業員が、この瞬間、皆心を一にして、一心に神の心に接することを念じているのである。

荘厳、清浄なこの空気に包まれる工女さん達は、良くなるよりほかに道がない。これを参観する、または写真に撮るという行為は、心なき冒涜の業ではないかとの、危惧の念さえ起こるのでした。宗教の心はすたり、思想悪化に悩む現状ではあるがしかし、我が国の生命はここにあり。この空気の波及疑いなし。前途悲観するにおよばずとの、感を深くするのでした。実にこの会社は、他の会社とは異なって、教育を受けるのは、従業員ばかりでなく、社長も重役も課長も所長も教育係も、教育されたのです。そしてその教育総理が、川合信水先生であらせられたのです。かくして、天地の真神の使命を奉じ、国家の産業の一部を担い、敬虔の心をもって、各自の人格を修養し、同心一体となって、その職分を完うし、国家に貢献して、天地に奉謝しようとする気が、みなぎっているのです。言い換えれば、人格完成が本旨で、産業は付帯事業、工場というよりも、道場であるのです。事業はグングン発展して、郡是の製糸は世界一優良品として、世界に認められるようになった。すなわち今日においては、郡是ではなく、国是ではなく、世界是と言う評を受けるに到りました。(聖中心道　肥田式強健術)

信水が創始した教育は、形を変えて現代のグンゼにも引き継がれ、「GLS(グンゼ・リーダーシップ・スクール）」や「キャリアプランローテーション」などを含む「新入社員から社長まで」の段階的な教育体系や、「誠意・愛情・謙虚」の「三つの章句」、その具体的な行動の「あいさつをする」、「はきものをそろえる」、「そうじをする」という「三つの躾」として今でもグンゼの中に生き続けている。

8　国際労働会議と信水

このような功績が認められ大正十一（一九二二）年八月に信水《しんすい》は、第四回国際労働会議日本代表に選出される。国際労働会議とは、第一次世界大戦後発足した国際労働機関（ILO）が年一回行う総会であり、加盟各国より政府、使用者、労働者の各代表者を選考し、国際労働問題の議事を議決する会議のことである。加盟国の日本も、大正八（一九一九）年に行われた第一回より参加している。しかし、第一回の時より労働者代表の選考に、友愛会（後の日本労働総同盟）その他の労働団体を軽視した人選であるとの批判を受け、第四回国際労働会議でも、各労働団体が国際労働会議を否認し、労働者代表を黙殺するという事態が起きている。第四回国際労働会議における労働者代表選挙の結果は次のようなものであった。

一二九票　川合信水
一〇六票　賀川豊彦《かがわとよひこ》
九五票　田沢義鋪《たざわよしはる》
次点四五票　鈴木文治《すずきぶんじ》

このように信水は、多くの表を集めていた。しかし、この人選に次点となった鈴木文治（友愛会創始者一八五五～一九四六）は、次のように述べている。

我々は意外にも川合信水君が最高点をもって当選したのを見た。川合君なる人は京都府下の郡是製糸会社の教育部長の任にあり、私も個人としては知っているすこぶる敬虔なるクリスチャンとして尊敬すべき人であるが、我国一般の労働階級にはほとんど知られていない人である、恐らく今回初めてその芳名を知った者が大多数であろう。かくのごとき人が最高点をもって当選した事は、実に瓢箪から駒が出たと同じ奇跡である。（神戸大学経済経営研究所　新聞記事文庫　国際労働問題（7 - 064）東京朝日新聞　1922．9．10 - 1922．9．13「国際労働会議と我労働団体（上・中・下）」鈴木文治）

鈴木は、第一回国際労働者会議における人選が「全く労働階級の意思を無視し、極めて官僚的な干渉の下に政府指定の労働代表を選出せしむるに至った」と同文中に述べているが、今回の人選も同様の理由で、信水は人物としては尊敬できるが、真の労働者代表とは認めることができなかったと考えられる。ちなみに、鈴木も、二位で選ばれた賀川豊彦（一八八八～一九六〇）も信水と同様のクリスチャンであり、二人ともキリスト教から社会運動家となった点は興味深いものがある。

信水は、代表者選出との知らせを受けると、二木謙三《ふたきけんぞう》の診察を受け、「数ヶ月間静養治療を要すべきものにして、渡航に堪えざるものと認む」との診断書を外務省に提出し、代表を辞退した。

このことにつき、春充は次のように書き記している。当時、春充は数え年四十歳、信水五十五歳、春充は八幡野《やはたの》に来て五年経ち、ちょうど『独特なる胃腸の強健法』を執筆している最中であった。

大正十一年八月、彼が最高点を以って、国際労働会議の日本労働代表として、公選されると、私はすぐに左の書を飛ばした。『労働者に限らず、資本家に限らず、人類の向上進歩を議する会ならば、兄上は、人としての代表として、最適任者でしょう。しかし、過度時代における現下の労働者の心理そのものを、そのまま代表するならば、兄上は、最不適任者です。当然、辞退すべきです。—もし選者の意志を尊重されて、ジェノバに行かれるのならば、どうか小弟をお供させて下さい』と。ところが、二木博士診断の結果、健康、長途の旅行に堪えられないとして、八月十日に辞任を外務省に申し送った。目下、山形県高湯の温泉で、病身を養っている。
労働代表としては、第二候補の賀川豊彦《かがわとよひこ》氏が辞し、田沢義輔《たざわよしはる》氏が行かれた。氏は高潔熱烈なる理想家であり、また堅実周到なる実際家である。とりわけ氏は私の最も親しい友人であるので、私は衷心からその成功と健闘を祈っている。（独特なる胃腸の強健法）

当時の日本国内は、第一次世界大戦後の急激な資本主義の発達と好景気とにより、いわゆる成金が出現していた一方、庶民は大戦による景気の恩恵を受けることが出来ず物価高騰による生活苦に喘ぎ、貧富の差が拡大していた。また、大正七（一九一八）年シベリア出兵に伴う米売り惜しみによる米価の高騰は、富山から全国に広がる米騒動に火をつけた。さらに、その前年大正六（一九一七）年におきたロシア革命の影響を受け、日本にも次々と労働組合が結成され、ストライキなどの労働争議が各地で頻発していた。

このような情勢の中、春充は、「人としての代表」ならば信水は最適任者であるが、「過度時代における現下の労働者の心理そのものを、そのまま代表するならば」最不適任者であると述べている。この真意を理解するには、「事業の経営の主義」に関する信水の次の言葉が参考になる。

（第三）は闘争主義である。これは階級対立思想が根底をなし、資本家と労働者とは、どこまでも利害相反する者である。呉越同舟のごとき者である。一方は金力をもって、一方は団結力をもって、互いに相争うべき者と思っている。これは天地の神の意思と経営とを暁《さと》らず、人間の本性に備わる誠と愛とを辨《わきま》えず、事業は資本と労働だけでは出来ず、道徳、識見、力量、兼備の経営者のもとに、労資協力一致して、善く出来る者であることを知らず、互いに自己の利益のみを考える悪差別の見であるが、現代の新しいといわれている人々は、これが最も進歩した主義のように思っている。現代の日本のごとく貧乏はしている、事業界は悲境に陥っている際に、まずこの悪差別の迷いから覚《さ》めなかったらば、思想善導の問題も、産業合理化の問題も、労働者の幸福問題も、「夢のまた夢」と、言わなければならない。

（郡是の川合信水先生）

これだけ読めば一種の理想論のように思えるが、信水はこの信念の下郡是製糸を模範工場とした実績がある。それだけに、この言葉には千鈞《せんきん》の重みがある。春充も同様の考えを持ち、労使が対立して過激な労働争議が起こっている現状を「過渡期」と見、兄は経営者の側にも、労働者の側にもつかない、そのような差別を超越した「人」としての代表であると考えたものと思われる。

9 国際労働会議と田沢義鋪

信水《しんすい》が病気を理由に代表を辞退し、第二候補の賀川豊彦《かがわとよひこ》も病によって代表を辞したため、春充が述べたように田沢義鋪《たざわよしはる》が、代表として国際労働会議が開催されるイタリアのジェノバに赴くことになった。田沢は、前にも記したように春充と共に修養団の天幕講習会に講師として参加した人物である。天幕講習会に参加した頃、田沢は内務省勤務であったが、この時期には大正八（一九一九）年に設立された「財団法人協調会」の常務理事を務めていた。

田沢義鋪（出典:この人を見よ）

協調会とは、激しさを増していた労使間の対立を緩和すべく、会長に徳川家達（貴族議員）、副会長に渋沢栄一らを迎えて発足した半官半民の団体である。修養団において田沢の人物を知った渋沢の懇願により、田沢は内務省を辞め協調会入りを決意したのである。

田沢は「われわれは、資本家であり、労働者であり、官吏であり、教員であり、党員である前に、まず人でなければならない」との信念から、講師も役員も労働者と同一舎内において寝食を共にし、すべての共同労作を平等の立場で実践する「労務者講習会」を開催し多大の成果を上げる。この田沢の信念と、信水の信念は驚くほど似ており、どちらも労使の差別を超えた「人」として根本的に労使間の問題を解決していることに注目したい。春充が田沢を「高潔熱烈なる理想家であり、また堅実周到なる実際家である」と評したのもうなずける。

また、田沢は出発前に、友愛会に所属しプロレタリア演劇運動の先駆者でもある平沢計七《ひらさわけいしち》（一八八九〜一九二三）に、代表辞退を迫られ殴打されている。田沢は後に「平沢に殴られたとき、無償に腹が立ってね。一騎打ちをやれば、おれが勝つのにと思いながらじっとこらえているのは、実際つらかったよ」と語り、まだ「人間が出来ていない」と振り返っている。田沢の人物を彷彿とさせるエピソードであるが、春充はこのような過激な行為が信水に及ぶことを考え、「もし選者の意志を尊重されて、ジェノバに行かれるのならば、どうか小弟をお供させて下さい」と信水に書き送ったものと考えられる。

１０　郡是製糸と春充

春充は、信水が郡是製糸の教育部を創設した二年後の明治四十四（一九一一）年十月に、郡是製糸を訪れている。これは郡是社長波多野《はたの》鶴吉《つるきち》が電話で招待したものであり、この時春充は教育部に強健術を教授している。当時春充は、数え年二十九歳、処女作『実験　簡易強健術』をこの年の四月に上梓し、それが大ベストセラーとなって講演依頼が殺到、各地で公演会を開催する多忙な生活を送っていた。ちょうど十月に京都、大阪方面の講演が重なった機会に郡是に立ち寄ったものと考えらえる。

この時の滞在は、汽車の待ち時間のわずか三十分であったが、これがきっかけとなり強健術は郡是の体育として採用されることになる。そしてこの強健術を学ぶ者の中から、後世に強健術を伝える貴重な人材が育つ。

郡是で行われる強健術（出典：郡是 100 年

11　鬼塚捨造、正二親子

その一人が、鬼塚捨造《おにづかすてぞう》である。彼は「児童福祉の父」とも呼ばれる石井十次《いしいじゅうじ》の茶臼原孤児院に、明治四十四（一九一一）年四月に養蚕教師として招かれ、同七月衰微した高鍋製糸再建のため社長となった石井のもと、蚕業部長兼書記に登用される。石井と鬼塚は郡是製糸を二度訪れ、社長の波多野《はたの》や信水《しんすい》の経営方針に強い感銘を受けていた。先に引用した石井の感想はその訪問時のものと思われる。その後石井が大正三（一九一四）年に四十八歳で死去すると、孤児院経営方針が養蚕から農業を主とすることになったため辞任し、広島県芦品郡の技手をしばらく務める。その間波多野の強い懇請を受け、大正五（一九一六）年郡是製糸に入社する。その際、鬼塚を動かしたのは、「当社は人を採用するのに、これまで俸給をもってその人の意思を左右したことはありません」、「当社は人を使うのに物質的には扱いません、各自の人格を向上せしめ、その集団によって事業を営み、以て霊肉共に永遠の生命に入ろうとするもので、取りも直さず新式の人格修養専門道場のような精神であります」などの波多野の言葉であった。鬼塚はその後、郡是製糸の教育施設である誠修学院の実習部主事、郡是製糸栄養研究所所長などを務め、主に二木謙三《ふたきけんぞう》や春充の説く食養を「完全食」として普及することに尽力する。そして、玄米の栄養について、オリザニン（ビタミンB1）の発見者として有名な鈴木梅太郎《すずきうめたろう》（一八七四〜一八四三）にインタビューを行ったり、二木の訓話を『完全食の話』という小冊子にまとめるなどの活動を行っている。鬼塚は晩年に、次のような文字を刻んだ「謝恩碑」を自宅の庭に立てた。

	感恩要目	師事年代
石井院長	信仰開眼	明治四十四年
波多野社長	使命自覚	大正五年
川合先生	永遠生命	大正五年
肥田会長	聖中心道	大正十年
二木博士	健康長寿	昭和二年

また、鬼塚の息子正二（一九一四〜二〇〇四）は、東京帝国大学文学部史学科在学中、郡是製糸の経営する「学生修道院」（東京大塚）の院生となり、信水の薫陶を受け、春充より直接強健術を教授された。その後、高等学校の歴史の教員を務める傍ら、信水の諸資料を編集して社会に提示することをライフワークとし、膨大な資料を『恩師のみあと』、『川合信水先生を仰ぐ　月見草』の二つの著作にまとめ上げた。直接信水、春充より教えを受けた正二の著作は、二人の事績を知る上で欠かせない貴重な資料となっている。晩年も精力的に執筆活動、信水、春充の事績を伝える活動を行い、脳梗塞で倒れる直前までパソコンに向かい執筆を続けていたという。

12　安藤亀治郎

安藤亀治郎に関して春充は次のように述べている。

元海軍兵学校教官、海軍大尉安藤亀治郎君は、私の運動法の最も深い研究者の一人である。君の熱心にして真剣なる努力に対しては、私は涙ぐましきまでに、感動させられたことがある。君が持っている私の著書は、研究事項や質疑事項で、全巻細かな朱字で、埋められておった。郡是製糸会社で、強健術指導主任をしておられた。（聖中心道　肥田式強健術）

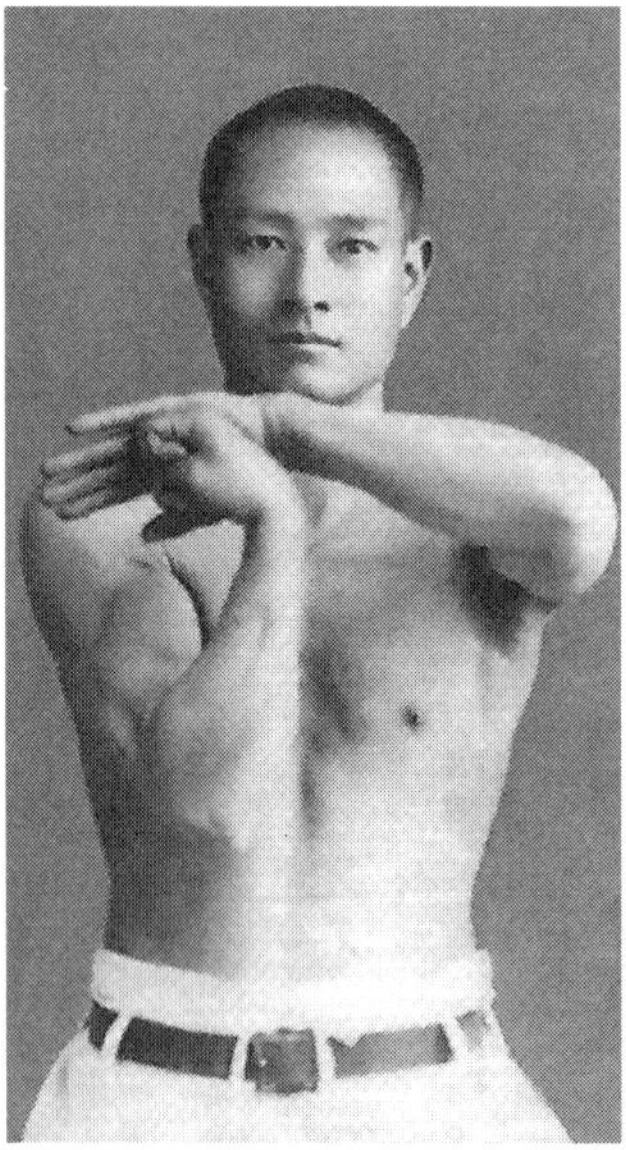
安藤亀治郎

安藤亀治郎（一八八七〜一九八三）は、大分県宇佐市に生まれ幼少の頃より宮本武蔵に憧れ、剣術を嗜む。長じて海軍兵学校を卒業し、第一次世界大戦では海軍少尉として青島戦に参戦する。大戦後には江田島の海軍兵学校の教官として勤務し、ここで、講演に来ていた春充にも出会っている。その後、激務によって肋膜、心臓などの病気で体調を崩し大正十年に除隊。そして、信水《しんすい》を慕って郡是製糸に入社し、信水より春充を紹介され天真療法により病を完治させると共に、強健術も直接指導を受ける。こうして、強健術指導主任として郡是製糸において九年にわたって強健術を指導した。その指導は、郡是ばかりではなく関西方面の公官庁、会社、学校、軍隊などにもおよび、昭和七年には九州佐世保の海軍工廠で工員教育にあたり、強健術の指導もした。安藤が、郡是を辞し伊豆八幡野の春充に別れを告げに来た時のことを春充は次のように綴っている。

安藤大尉から送られた感想録を書き抜き終わったところへ、突然同君が来訪された。今回都合上郡是をやめて、郷里九州に帰られるとのこと。私の代わりに九ケ年間、郡是にあって強健術指導に当たられ、この道の熱心誠実なる研究家であった君と別れることは、一種惜別の情、堪え難いものがあった。（中略）君は二時間ばかり話して、帰途につかれた。私は山の下り口まで、送って別れを告げた。オオ、真実の友よ。益々進歩向上せられんことをと、私は山の上から小さくなって行く友の姿を、遥かに見送りながら、得がたき同志のために祈った。（聖中心道　肥田式強健術）

故郷の九州に帰った安藤は、農業を営みつつ強健術の稽古も欠かさず、その指導も行っていたという。

13　江連力一郎

話を信水が国際労働会議代表に選ばれるも、辞退した大正十一（一九二二）年に戻す。当時、面会をできるだけ断っていた春充であったが、それでも、何人かの訪問客はあった。その中でも春充が後の著作に書き残している訪問者に、江連力一郎《えづれりきいちろう》（一八八八～一九五四）という人物がいる。

江連力一郎（出典：剣士・江連力一郎伝）

彼は当時三十五歳、茨木県出身、明治大学法科中退の後備陸軍軍曹であり、柔道五段、剣道、合気道、槍術、縄、鎖鎌、居合、ピストル、千切木、手裡剣、馬術、水泳などの奥義を極めたと自称していた。また、武者修行と称して、上海、香港、シンガポール、ボルネオ、ジャワを経てインドまで渡り歩いた。その彼が、春充に剣術の奥儀を聞きにきたのである。春充は、「中心」に力を込めそこから力を発揮する方法を説いた。その時の様子を、春充は次のように記している。

大正十一年秋十月、江連力一郎君が八幡野を訪ねてくれた時、私は人間の体を、一刀両断真二ツに切る秘訣について上述の説明をした。君は剣道の達人であるが、性質温良礼儀正しく優しい目つきをしている。

江連君は私と違って百八十センチ近い巨漢ではあるが、その顔だちは実に優しい。けれども彼は、安楽《あんらく》警視総監などに愛された程の剣道の達人だ。私の説明は彼の脳中へ明快にしみ込んで行く。見る見るうちに彼の眼光は血走り顔色すさまじく殺気を含んで来た。獲物の子羊を裂いて、したたる鮮血を舐める猛虎のごとき様子をあらわして来た。彼の練達した技能は私の話と共に、もう自分の脳中では、ズバリ、バサリと、斬りまくっているのだ。曰く、『胴体を横に切り離すことは、さして難しいとは思わないけれど、頭から縦に真二つに切って割って見たいものですなァ』と。私は殺人鬼の形相を、彼の面上に読んだ。そして、次のように思った。『これはどうしても人を殺す。どうしても人を殺す奴だ。…だが待て。大正聖代の御世において人を殺す機会などあるべき筈があるまい』だが私の心中、力強い一種の声は、ただちにこの否定を押しのけて言う。『ウンだがどうしても殺す』と。彼はらんらんと眼光を輝かしながら、重ねて言った。『その斬り方で、頭から縦に真二つに切って見たいものですなあ』と。それから、彼は、北海行きの計画を語った。

おりしも日は西山に傾いたので、彼は急いで伊東の宿へ帰った。そんな過ちを犯すようなことは絶対に無いよう、私はどうしても勧告しなければならぬと考えた。それから三日程してから、私は彼に会うために伊東へ行った。遺憾！その前日、彼はすでに東京へ発ったと言う。そして間もなく、大輝丸《たいきまる》に乗って北海に走った。ついにロシア人十数名の惨殺事件は、新聞紙上を賑わした。どれほど痛恨の情と、無限の感慨とをもって私はその記事を読んだことか。（聖中心道　肥田式強健術）

江連が起こしたという「ロシア人十数名の惨殺事件」とは、「大輝丸事件《たいきまるじけん》」として当時の世間を驚かせた事件のことである。ここで春充は十月に江連が訪れたと記しているが、大輝丸は九月十七日に東京芝浦港を出帆している。また、事件があったのは、十月二十七日のことである。十月に八幡野を訪れたとは考えにくい。春充の記憶違いであろうか。事件の経過から考えると、江連は九月の上旬頃八幡野を訪れたと考えるのが妥当であろう。

この事件を理解するためには、当時のロシア情勢を知る必要がある。以下長くなるが、この後の春充の国士的活動を理解するために必要な情報も含まれるので、やや詳細に述べたい。

14　尼港事件

第一次世界大戦さなかのロシアでは、大正六（一九一七）年三月（ロシア歴では二月）に、二月革命によって三百年続いたロマノフ王朝が滅び、続いて同年十一月（ロシア歴では十月）に十月革命が起こり、レーニンに率いられたボリシェヴィキ（ソ連共産党の前身、ロシア語で多数派の意味）による史上初の共産政権、ソビエト政府が誕生する。ソビエト政府は成立するとすぐに、交戦中であったドイツと講和を結び、第一次世界大戦から早々に離脱する。この講和は、ドイツと西部戦線で交戦していたイギリスとフランスに衝撃を与えた。英仏と西部戦線において、ロシアと東部戦線で戦っていたドイツは、ソビエト政府との講和によって西部戦線に戦力を集中することが出来るようになるからである。

そこで英仏はロシアに対して干渉戦争を起こし、ソビエト政権を打倒し、反革命軍（白軍）による新政権に再び東部戦線を構築させることを画策し、日本とアメリカに極東に出兵することを要請する。このような流れの中、日本は、ロシア東部の戦線に孤立したチェコスロバキア軍を救出するという大義名分の下、大正七（一九一八）年八月に、いわゆる「シベリア出兵」を行う。しかし、同年十一月に第一次世界大戦が終結すると、東部戦線を再構築するという目標が失われてしまい、各国がシベリアに駐留する意味が無くなってしまった。しかし各国が撤兵する中、日本軍は駐留を続け、ロシア国内の反革命軍（白軍）と協力して緩衝国家を樹立しようと、革命軍（赤軍）とそのゲリラ部隊であるパルチザンと戦っていた。

このような情勢の中、アムール河（黒竜江）の河口に位置する街ニコラエフスク（尼港《にこう》）に居留していた三百五十名の日本人民間人、駐留していた水戸の歩兵大隊約三百三十名と海軍の無線電信隊四十二名の計七百余名全員が、約四千名のパルチザンおよび中国艦隊、パルチザンに協力した朝鮮人らによって虐殺されるという事件が起こる。大正九（一九二〇）年一月から五月にかけて起こったこの事件は「尼港事件《にこうじけん》」として、当時の日本に衝撃を与えた。マスコミは、女性も子供も容赦なく虐殺したその残虐性を報道し、世間では報復を望む声が高まった。この「尼港事件」から二年後の大正十一（一九二二）年に、江連《えづれ》が起こした事件が「大輝丸《たいきまる》事件」である。

15 大輝丸事件

江連は大正十一（一九二二）年四月、日本に亡命中の白軍将校および武者修行中に出会った、満蒙共和国建設を夢見る馬賊の頭目らより、北サハリン（北樺太）、カムチャッカ、オホーツク（ハバロフスク地方）などに眠る砂金鉱区の権利を与えるから、極東に共和国を造る白軍を助けてほしいとの申し出を受ける。

この砂金採掘の話に乗った江連は、大阪の日本興商株式会社から資金を融資してもらい、カネマン汽船、相沢汽船などの協力を得て大輝丸六四〇トンを借り入れ、ピストル十挺、騎兵銃八十挺と弾薬なども手に入れる。また、軍の協力も取り付け、北サハリンの軍政署より歩兵銃百挺、弾丸一万発を借り受ける紹介状をも手にする。乗組員は、元軍人、山師、失業者など家庭係累のない者たち三十人ばかりをかき集めた。

そして、大正十一（一九二二）年九月十七日に東京芝浦港を出帆する。ところが、北サハリンの軍政署についてみると、外務省より大輝丸をロシア領に向けて出帆させてはならないとの通達が来ていた。また、結氷期が近づいておりハバロフスク地方のオホーツクまでたどり着くことは時期的に無理であった。そこで、行先をニコラエフスクに変更する。その目的は、尼港事件で同胞が残した鉄や木材を奪還すること、シベリアより日本軍が撤退するのに伴い、引き上げる民間人を乗船させることであったという。しかし、ニコラエフスクに十月九日に入港すると、軍からは邪魔者扱いされ、乗船する民間人もいなかった。

しかたなく十二日に抜錨するが、ここから大輝丸《たいきまる》の行動が迷走しはじめる。十三日にロシアのアンナ号を、十九日にウエガー号を襲いその積荷を奪う海賊船と化したのだ。そして二十七日（二十二日、二十四日という説もある）に、両船の乗員ロシア人十二名、中国人四名、朝鮮人一名の計十七名を、ピストルと日本刀で全員惨殺するという暴挙に出る。その後小樽港へ十一月六日に入港すると、一人百五十円の金を渡し厳重な口止めをして解散した。ところが、罪の意識に耐えかねた三人が自首したことによりこの事件が発覚し、十二月十三日江連《えづれ》は札幌郊外の温泉に情婦と潜伏している所を逮捕される。江連は、取り調べでも法廷でも、「尼港《にこう》の日本人の霊を慰めるために、天に代わって正義の剣を加えたのだ」と言い、大正十四年二月に強盗および殺人の罪で懲役十二年の刑を言い渡されている。

この事件について春充は次のように述べている。

彼は一年志願兵として、水戸連隊の出身である。『五月二十四日午後十二時を忘れるな』。チヌイラフ監獄のペンキ塗りの板壁に、いくつともなく書きつけられた同じ文句の鉛筆の跡。耳をそがれ、舌を抜かれ、手をむしり取られ、引き裂かれ、蹴り砕かれ、殴り殺された。大正九年五月、八百の日本人がニコラエフスクにおいて虐殺された。当時守備隊として運命を共にしたのは、実に水戸連隊の兵であった。

多血漢の彼れ江連が、事業失敗のおさまらない怒りをロシア人の上に爆発させた悲しい気持ちは、酌量してやらねばならぬ情状である。

彼の性格を良く知る私は、取調べの任に当たった池田検事に会って彼のために弁じて置いた。（中略）さて、私は市ヶ谷刑務所に江連を訪ねた。あることを告げて、彼を喜ばしてやろうと思ったけれども、看手が手帳を持って、談話の要点を記録しているのでついにその機会がなかった。私は、公判も近いうちに開かれるそうだが、天下の視聴を集めているから、法廷に立っても男らしい態度をとるように、また武術の鍛錬はもう充分であるからこの上は、ここで大いに精神的の修養に努めるように勧めた。私はこんな訓戒めいたことを言い、江連は私のことを先生、先生と言うので、豪勇無双の海賊の親分が、先生、先生と言うこの若そうな学生めは、一体何者じゃと、看守は時々不審そうな目つきで、ジロリ、ジロリ。池田検事は、江連と言うのは実に痛快な男で、何もかも隠さずに堂々と述べて、『だってアンな時には、そうするよりほか、仕方ありませんよ』と言っておったなどと語った。そして捕獲したロシア船の乗組員を夜、大輝丸の甲板に引き出し、薄暗いカンテラの下で一人一人斬って海の中に投げ込ませた。江連は、左手に愛玩の朱鞘の長刀をひっさげ、これを眺めておった。なかなか斬れなくて、ヤット三人ばかり斬った。次に百八十センチ以上のロシア人が引き出されると、彼は猛然として、イキナリ江連に向かって飛びかかって来た。—瞬間…髪を入れず。ヤアッ！大喝一声、抜き打ちに真つ向から、頭と胴へと縦に真二ツの唐竹割り。サッと、鮮血がほとばしると共に、体は右と左に裂かれて飛んだ。見事！水際立った鮮やかサ。敵も味方も、驚嘆敬服してしまったそうだと、池田検事は当時の状況を眼に見るように話された。
はたして、―ヤッたな。孔子が著した『春秋』の筆法のように（論に飛躍があるように）言ってみれば、肥田春充の一刀両断の講釈、江連力一郎《えづれりきいちろう》の長刀をもって、北海でロシア人を縦割りに切らせた、とでも言うか。法律的にはたとえ因果関係の限界外にありと言っても、道徳的にはいささか自ら責める所がなくて済むだろうか―。（聖中心道　肥田式強健術）

以上が、春充の述べる「大輝丸《たいきまる》事件」であるが、やや筆が滑った感は否めない。この事件で虐殺されたロシア人達は、「尼港《にこう》事件」とは恐らく無関係であったに違いない。それにも関わらずただロシア人であるからという理由のみで、「尼港事件」の復讐の対象にされてしまうのはあまりにも理不尽である。

確かに「尼港事件」に対する国民の怒りは大きかった。事件当時、マスコミは事件を特集する雑誌や映画を作り、浅草では「尼港実況展覧会」も開催されるほどであり、春充の文にもあった監獄の壁に残された「大正九年五月二十四日午後十二時忘るな」の走り書きなど、その惨状は詳細に報道され国民の「義憤」を煽り立てた。

しかし、当時ロシアに成立したソビエト政権を日本はまだ正統な政権として認めていなかった。なぜならロシア国内には未だソビエト政権に反発する反革命軍（白軍）が群雄割拠しており、日本はシベリア出兵を機会に有力な白軍に協力しソビエト政権とは別の政権を樹立させようと画策していたからである。このような事情により、「尼港事件」の謝罪、賠償などは中に浮いた形となり国民はその怒りのやり場が無かった。これらの事情が、江連の犯行を英雄的行為とした理由の一つであろう。春充の記述や池田検事の言葉が、江連に好意的であるのもこのような背景があるからと考えることが出来る。

16　別の理由

しかし、調べてみると春充が江連《えづれ》に好意を持っているのには、もう一つ別の理由が存在するようである。そもそも、一個人の砂金採掘という雲をつかむような話に株式会社が出資し、汽船会社が船を用立て、さらには軍が武器の便宜まで図るなどということがあり得るであろうか。そこには、一個人の野心だけでは説明がつかない、そのような組織を動かすに足る大きな目的あるいは後盾が潜んでいるのではないだろうか。

筆者がそのように考えるに至った理由の一つは、江連は大正十四年に懲役十二年の判決によって下獄した後、昭和五年特赦により仮釈放されているが、その時出された次の挨拶状である。

謹啓　時下晩秋の候、ますます御健勝の段、慶賀に存じます。さて今回我らの最も愛惜する憂国の志士江連力一郎君、破格の恩命により仮釈放の光栄に浴しました事、ひとえに各位の熱烈なご同情のたまものと深く感謝致します。今後における同人の活動こそ一層諸君のご後援、ご庇護を必要と存じますので、何とぞ倍旧のご厚情を頂戴することを懇願致します。　敬白　昭和五年十一月　日

頭山満《とうやまみつる》　内田良平《うちだりょうへい》　小久保喜七《こくぼきしち》　武部申策《たけべしんさく》

（獄中日記）

右翼の大御所、玄洋社の頭山満（一八五五〜一九四四）、同じく右翼の重鎮、黒龍会の内田良平（一八七四〜一九三七）、衆議院議員、勅選貴院議員を歴任した、小久保喜七（一八六五〜一九三九）、日本の黒幕とも呼ばれる総会屋にして武部組組長、武部申策（一八七二〜一八四三）と、錚々たる面々が名を連ね江連仮釈放の挨拶を述べている。彼ら右翼、政界の大物の後ろ盾があったことが、江連の資金、物資調達の一助になったものと考えられる。それでは、彼らの援助の目的は何だったのであろうか。

そもそもこの計画を江連が考え付いたのは、以前にも記したように「日本に亡命中の白軍将校および武者修行中に出会った、満蒙共和国建設を夢見る馬賊の頭目らより、北サハリン（北樺太）、カムチャッカ、オホーツク（ハバロフスク地方）などに眠る砂金鉱区の権利を与えるから、極東に共和国を造る白軍を助けてほしいとの申し出を受け」たのがきっかけである。その本来の目的は、極東に共和国を造ろうとしている白軍を助けることであり、砂金鉱区の権利はその代価に過ぎない。この白軍を援助する話こそが、頭山らが江連に協力した目的であったと考えられる。

事実すでに頭山と内田らは、大正六（一九一七）年のロシア革命後、ザバイカル州に反革命政権を樹立しようとしたグレゴリー・セミョーノフ（一八九〇〜一九四六）というコサック出身の白軍将校に、寺内内閣を動かし武器弾薬の供給その他の援助を与えている。このような援助を受けセミョーノフは、「満州里特別部隊」という私軍を組織し、日本義勇軍と共に赤軍と戦うも敗北し国外へ亡命して、その際一時日本にも立ち寄っている。江連《えづれ》が会ったという「日本に亡命中の白軍将校」とは、セミョーノフ本人だった可能性も考えられる。

このように江連の本来の目的は、「極東に共和国」を造る「白軍」を援助することであり、これに対して頭山ら右翼、そして目的を同じくする軍が資金、船、武器弾薬を援助した。ところが、目的地に達する前に外務省、軍の方針の変更、海の結氷期の接近などで予定が大きく狂い、海賊行為へと迷走してしまったというのがこの事件の真相なのではないだろうか。

春充が、江連を好意的に扱っているのも、このような事情があったからだと考えられる。また江連が春充を訪問したのは、単に武術談義をするためだけではなく、このような国事を語り、何かしらの協力を求めるためだったのかもしれない。

ここで、突如春充の国士としての顔が現れる。しかも、右翼の大物達と、シベリア出兵という国政に関連した話である。一体これらと、春充の関係とはどのようなものなのであろうか。実は、江連と頭山、内田らのラインから、ある人物が浮かび上がってくる。その人物は、これまでに何度か触れて来た、春充が政治の師と仰ぐ押川方義《おしかわまさよし》である。恐らく江連は、押川から春充を紹介されて来たのであろう。だから、春充は面会謝絶にもかかわらず、江連と会ったものと考えられる。江連、頭山、内田と押川の関係、シベリア出兵を含む極東の政治情勢との関連については、この後押川に触れる際、詳細に検討することとし、今は八幡野《やはたの》での春充の活動を年代に沿って追うことにしたい。

17　『独特なる　胃腸の強健法』

春充が江連と会談したこの年（大正十一年）の終わり頃には、新著『独特なる　胃腸の強健法』の執筆が終了している。この書は、翌大正十二(一九二三)年1月に尚文社より刊行される。『独特なる　胃腸の強健法』は、先に出版された『強圧微動術』と同様「自己療法」の応用であり、後の「天真療法」に発展するものである。前回の『強圧微動術』が自分で強健術を行えない病者に、強健術を行ったのと同じ効果を与えるものであったのに対し、この書は『食養』について詳細に論じたものである。そして、この書が生まれた一つのきっかけは、春充の境地の深まり―「中心」感覚の深まり―であった。春充はその「序」で次のように語る。

この書、題して『独特なる　胃腸の健康法』と言う。すべては、自分の実験の上に立脚した研究だからである。中心を得ていると、自然の嗜好が思いがけず合理的になる。多少の理論を加えたのは、中心の要求による養生法の可否を明らかにするために、これを科学のメスにかけたのに過ぎない。私自身は、それによって、大なる幸福を感じている。（独特なる　胃腸の強健法）

『独特なる胃腸の強健法』表紙

「中心」感覚が深まってくると、食の嗜好が変化してきたので、それを客観的、科学的に評価してみたのが、この書であるという。強健術で、虚弱から強健体になった時の変化は前に考察したが、そこでは強健になったと同時に、小食になり、生水を好むようになったと報告している。今回は、そればかりでなく食の嗜好までもが変化したのである。

この書では、その嗜好の変化を、「客観的、科学的に評価し」たと述べている通り、始めの章は、「極微分子より大宇宙へ」と題して、極小の原子の世界から、極大の宇宙の成り立ちを概観し、そこを貫く法則を導き出し、それを人体生理、健康の法則へと応用している。この態度は、後に著される「天真療法」に引き継がれるとともに、極微から極大の宇宙を一貫して流れる法則について言及する点は、さらに後に展開される「宇宙倫理」の原型とも言うことができる。先に触れたように、伊豆八幡野《やはたの》に住んでから、「中心」体感の深まりとともに、哲学的思索の深まりも見られるが、その体感と思索の一つの到達点を記したのが、この『独特なる胃腸の健康法』なのであり、単なる「胃腸健康法のハウツー本」とは一線を画したものということが出来よう。

この書で触れられる食養法は、自身の体験と、嗜好を元にしているが、その理論的裏付けとして主に石塚《いしづか》左玄《さげん》（一八五八〜一九〇九）の食養と、以前にも触れた村井弦斎《むらいげんさい》の食養が挙げられている。

18　石塚左玄の食養

石塚左玄《いしづかさげん》は、陸軍において薬剤将校として活躍した軍医であり、嘉永四（一八五一）年、福井藩の漢方医の家に生まれる。左玄の名付け親は、幕末の志士橋本佐内《はしもとさない》（一八三四～一八五九）であった。二十二歳の時上京し、東京大学南校で化学や薬学などを学び、二十三歳の時医師並びに薬剤師の資格を得、その後に陸軍に入隊する。

石塚左玄（出典：食物養生法）

彼は、食品のナトリウムとカリウムの含有量のバランスに着目しその結果、玄米に高い栄養的価値を見出す。そして、人間の歯の構造、腸の長さ、唾液の成分などを分析して、人間は肉食動物でもなく、草食動物でもなく「穀食動物」であると結論づける。また、土地に伝わる伝統的食生活の重要性を強調し、その土地、風土にあった食物を食す「身土不二論」、生命全体を食する「一物全体食論」などを展開してそれらを、「食物修養論」としてまとめ上げた。現在でも「食養」という言葉は頻繁に使用されているが、その原点は石塚左玄にある。

石塚の「食物修養論」は、後に春充の「食養」に引き継がれ、また春充の理解者の一人二木謙三《ふたきけんぞう》も玄米主義者として石塚の系譜に連なる。さらに、「マクロビオティック」の主導者桜沢如一《さくらざわにょいち》（一八九三～一九六六）は、春充や二木の後輩として石塚の「食養論」の系譜に連なるものである。

19　村井弦斎の食養

村井弦斎《むらいげんさい》は、その主著『食道楽』に、米の糠が脚気に効くという記事を掲載し（一九〇三年）、その後編集顧問を務める『婦人公論』に、明治四十三（一九一〇）年より、玄米と糠で脚気が治るという記事を本格的に書き始める。この時村井は、鶏舎で飼うニワトリに、白米を食べさせ人工的に脚気にした後、白米に糠を混合させた餌を与え脚気を全快させるという実験を行い、写真にも残している。

これは、鈴木梅太郎《すずきうめたろう》（一八七四〜一九四三）が米糠より脚気にきく有効成分「オリザリン」を発見、抽出し（一九一〇年）、オランダのエイクマン（Christiaan Eijkman 一八五八〜一九三〇、一九二九年にビタミンの発見によりノーベル生理学・医学賞）に示唆されたポーランドのフンク（Casimir Funk 一八八四〜一九六七）が、米糠より「ビタミンB1」を発見する（一九一二年）視点を明らかに先取りしているものである。しかし、当時の日本医学界は病理的な裏付けがないとして村井を無視した。

さらに、村井は大正五年に三十八日間におよぶ断食を行い、その際自身の身体に起こった現象を詳細に観察し『弦斎式断食法』（大正六年　実業之日本社発行）として発表する。この書は、春充に寄贈され春充は、「大なる趣味をもって、熱心に通読し」ている。弦斎はこの書の中で、断食中も大量に排泄される便を、「チョコレート便」と名付け腸内に蓄積した「宿便」であると考えた。春充は、この記事に注目し次のように述べている。

これは、本書（春充の著書『体格改造法』）を読む者、いや断食する者、いやすべての胃腸の悪い者が最も注意すべき重大事であります。（中略）ですから、胃腸の悪い者はもちろん、風邪にせよ、頭痛にせよ、肩が凝るにせよ、その他神経性諸症にせよ、大抵の内科的疾患の者にはほとんど十中八九まで、この停滞物があります。たとえ、下痢しました者にもあります。そしてその量は、少なくっても、質が悪いのですから、有害細菌が発生しまして、血液中に混じります。断食は、この有毒物質の本家たる停滞物を除き去って、胃腸に休養を与えますから、健康を増進し頭脳を明晰にし精神を愉快にするのであります。けれども、断食には、一方細心の注意を要しますから、私共は、平素におきまして運動と節食とを、実行することが肝要です。（中略）そして、すでに胃腸を害しましたら、―浣腸です。浣腸によって、停滞物を、取り去るのであります。（魚鳥獣などの肉類は、消化作用の始めにおいて、蛋白質となり、アルプモーゼン、ペプトンとなり、更に、ポリペプチーデ…これが毒物…となり、ついにアミノサンとなって人体に、吸収される）―私は、浣腸万能論者であります。終わりにおきまして、村井氏が、高齢の御身にて決行せられました、勇敢なる断食の実験に対し、大いなる敬意を表します。（体格改造法）

春充は、体内の停滞物が、内科的疾患の原因の一つであるとして重要視していた。そしてこの停滞物を排泄する有効な方法は、断食か、運動と節食、または浣腸であると考えている。後に「天真療法」として体系付けられる春充の発案した健康法では、体内の停滞物を排泄することは健康の三大要件（安静、食養、排泄）の一つとして重要な要素の一つとなっている。

また、村井の食の追及はさらに徹底し木曽の山中や武州御岳山《おんたけさん》に籠り、「人は火を使わずに生食だけで生きられるか」ということに挑戦し、様々な発見をしている。春充は、この実験に関して次のように述べている。

天下の料理通が、山海の珍味をあさりつくして、ついに何らの人工を加えない天然食が滋養においても、味においても、最も優れているという所に到達した道程を、私は非常に、面白く興味深く感じる者である。（中略）科学上からも、明らかにその合理的なることが、立証され得るのである。

このようにして氏は、人間の良食として、『自然に近い物、場所の近い物、季節に産するモノ』との三大條件を掲げたのは、敬服すべき徹底的観察と言わねばならぬ。（独特なる　胃腸の強健法）

また、村井の実験に関し次のような意見も述べている。

この方面の、実際的研究を積まない者、空理を離れ因習を脱して、食物に対する真の直覚的批判を下す能力を持たない者には、あるいは、突飛であると思われる個所が無いでも無いが、私にとっては、そのすべてがヒシヒシと共鳴するばかりであった。のみならず、私の食物に対する嗜好、要求は、ことごとく氏が述べておられる所と合致しておった。（独特なる　胃腸の強健法）

そして春充は村井同様、天然食が栄養、味ともに優れているとの見解をもっていた。また、石塚も唱えている「全体食」が栄養のバランスが絶妙であるとして推奨している。これらをまとめて次のような提言にしている。

『その所の物、その時の物で、食べたいと思った物を、食べたいと思った時に、なるたけ、自然に近い物のまま、良く噛んで、腹八分目食べろ』（独特なる　胃腸の強健法）

ただしここで述べられている、「食べたいもの」、「食べたい時」とは、春充のような健康体が感じる〝真の食欲〟であり、自堕落で不健康な食欲とは違うことに注意したい。ここに、「身土不二」、「全体食」などこれまで見てきた石塚と村井の「食養論」のエッセンスが見事に融合していることが見てとれる。このように、春充の「食養」には、この二人の碩学の大きな影響があるのである。

20　中心落節前夜

これまで、春充が「中心」に落節するのは、『独特なる　胃腸の強健法』が発行された約五カ月後の大正十二年六月とされているが、実はこの書に初めて、「中心」および「中心生命」に落節、悟ったとの記述が出てきており、「中心落節」の記述が初めて出てくるものとして大変重要である。その文章は次のように記されている。

◇型は、認識し理解し記憶することが出来るけれども、中心の生命力は、熟練に熟練を積んで体得する他に道はない。私は多年研究実験の結果、自己の身体における実際中心が、解ったと思ってから、なお七箇年かかってから、忽然として中心の真生命に落節、悟了した。（傍点著者）本体の秘密の鍵は、誠に簡単に手に入るものではない。志を抱く者は、当然精進、刻苦しなければならない。いい加減のことで、活きた人間の心身が、左右されるべきものでは無い。（独特なる　胃腸の強健法）

この書の『筆を擱《お》くに、臨んで』の章において、春充は「執筆に三ケ月」かかったと記している。そして、先に引用した記事を書いた日付が「大正十一年九月二十四日夜、二時を過ぎること十三分」としている。すると、遅くともこの大正十一年九月以前に、「中心落節」の経験があったことになる。しかし、その後の著作では、「中心落節」は「大正十二年六月」のこととされている。これは、一体どのような訳であろうか。

一つ考えられることは、この『独特なる　胃腸の強健法』に述べられている「中心落節」は、禅で言う所の「小悟」でありまだ徹底したものではなく、後の「中心落節」は同じく禅でいう所の「大悟」に相当し、以前の境地に比べてはるかに深いものであったのではないかということである。

また、この書において「強健術」は、さらに進化を遂げている。その要領を概観すると、そこにおいてもやはり「中心」に「悟得」していたことが窺われる。また、その変化は『独特なる　胃腸の健康法』の直前に出版された『強圧微動術』に説かれている強健術の要領と比較するとさらにはっきりとするので、ここでは両者を比較しその大きな違いを指摘しておきたい。

まず『強圧微動術』に解説される強健術を見てみたい。そこには「強健術練修の要領」として、次ページのような表が掲載されている。

この表の上段の囲みの「強健術練修法の要領」という言葉の次に「中心を基礎とし」という言葉が使用されている点に注目したい。この言葉が使用されるのは、この『強圧微動術』の頃からであるが、『強圧微動術』では、すべての型においてではなくごく一部に述べられているにとどまっている。

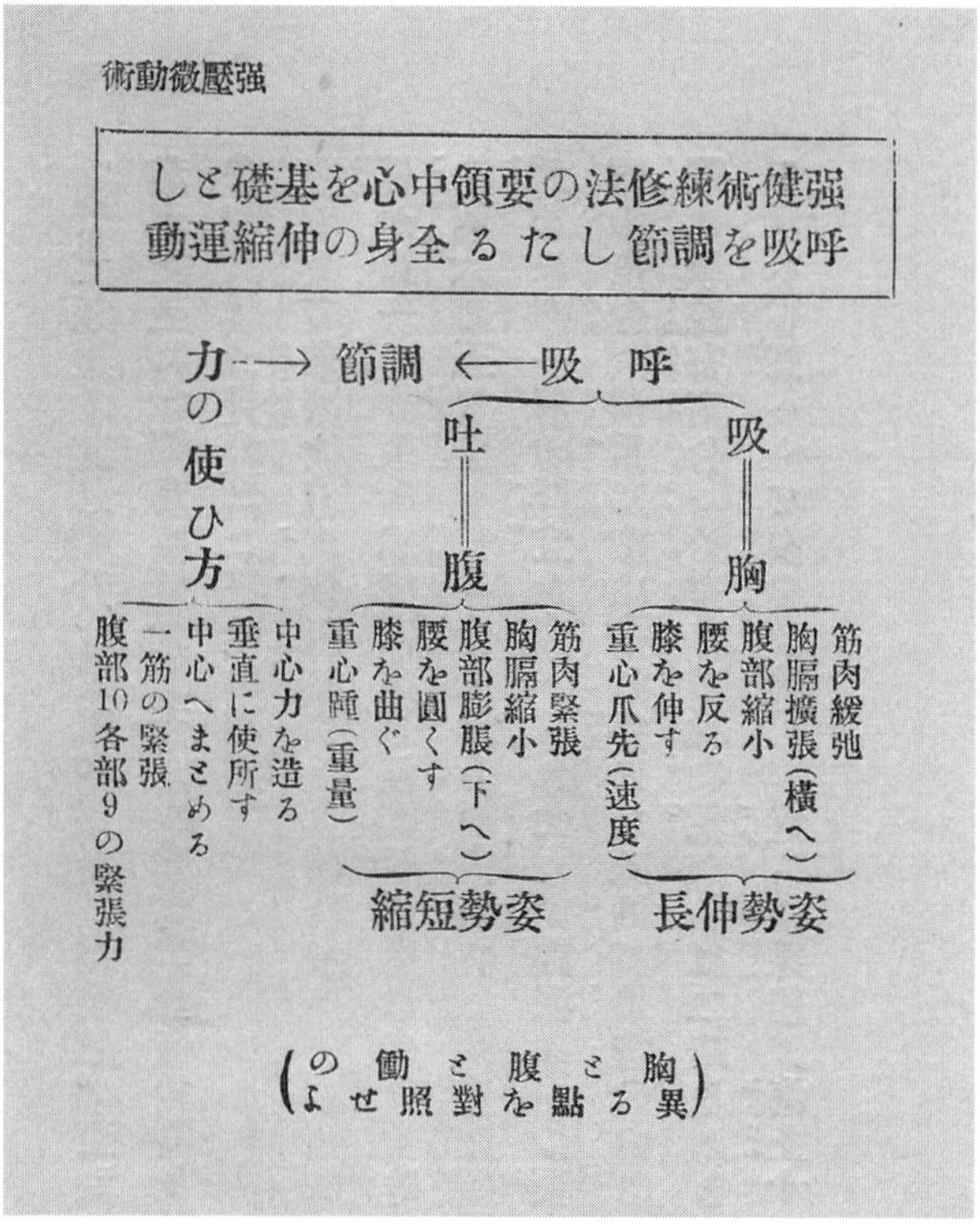

『強圧微動術』に解説される強健術の要領

また、ここでは強健術を「全身の伸縮運動」としている点に注目したい。後に詳細に解説するが、この頃の強健術は、息を吸う時には腰を伸ばし、息を吐く時には腰を丸めていた。この腰を丸める強健術は、後に春充が「邪道」として排した型であるが、この時点では「中心を基礎」としていながら腰を丸める型を行っていたことが確認できる。つまり、この頃は「中心」感覚は相当な所まで進んでいたが、腰を丸める型を行っていたためそれは徹底したものではなかったことが窺われるのである。

次に『独特なる　胃腸の健康法』において紹介される強健術について見てみたい。『独特なる　胃腸の健康法』に解説される練習法の中で注目されるのは、「上体操練法」、「下体操練法」、「中心力養生法」の三つである。

上体操練法
（出典：独特なる胃腸の強健法）

下体操練法
（出典：独特なる胃腸の強健法）

ベークマンの運動法
（出典：強肺法）

「上体操練法」、「下体操練法」は、道具を使用しない方針の強健術には珍しく、長さ約六十センチ、重さ一キロ～二キロ程の鉄棒を使用するものである。これは、一見すると、鉄棒を使用して腕の筋肉を鍛練する運動と勘違いされそうであるが、目的は全く別な所にあり、重量物を持った両手の操作と呼吸により「中心力」を養成することにある。この型の発想の原点は、「ベークマンの強肺法」に紹介されている棒を使用した運動法と考えられる。

　これらの型の特徴で注目されるのは、それまでの強健術が腰を丸め、腹を丸くするものであったのに対し、はっきりと腰を反り中心力を造ることを強調している点である。これらの型に至って、初めて中心力の造り方の詳細な条件、中心力の定義が現れてくる。その具体例は、「中心力養生法」と呼ばれる鍛練法の中に出てくる。この練修法は、それまで「軟らかい強健術」（簡易強健術）の「斜腹筋練修法」と名付けられていたものであり、この型が後に「聖中心」に「落節」する最も重要な型となる。以下に具体的なやり方を見てその特徴を指摘していきたい。

イ、両足を、踏み開いて立つ。直角よりもやや開け。
ロ、両足爪先の間隔は、親指と仲指とで計って四つ。つまり約六十センチ強。
ハ、腰を反り腹をきめて、体重を両足の中央に落とす。
ニ、上体柔軟。両膝は、ピインと伸ばせ。
ホ、眼光を決める。こり固まるな。落ち着いてゆったりせよ。
ヘ、両手の指をそろえ、手のひらを上にして両体側から上げながら、胸を充分に開いて息を吸い込む。
ト、スッカリ吸い込んだ所で、両手をピシャッと合わせる。
チ、その時アゴは、両腕の上がるのと一所に仰いで、眼光が両手指先を通じ上方にそそぐ。
リ、呼吸停止、三秒間。
ヌ、呼吸停止間に五指を組み合わせ、顔の上で下へ小円を描いて手のひらを上方に向け、両腕をグイと伸ばす。
ル、息を吐きながら、組んだままの両手を手のひらを前方に向け、腕を伸ばして臍の前方まで下ろす。
オ、同時に両膝を折り、下脚を地平に対して垂直にする。（膝が前に出ない様にすることが大切、すなわち体重が両足裏に平均に落ちて、爪先へも、踵へも、内側へも、外側へも、片寄らない様にせねばならぬ。それが出来ないと、完全なる中心力は造れないのだ。）
ワ、上体は、垂直に下りる。前にも、後へも傾かない。
カ、腕や肩に、力を入れない。鳩尾を折らない。

ヨ、そうすると、股の真中を通過する垂直線と、臍を通過して地平に対して平行な直線とがつくるところの直角三角形の角を、二等分した直線の方向、すなわち臍下丹田に向かって、引きしぼるような力がストッと動く。そして、下腹部をドカッと叩く。（それが本当の中心力だ。その力の動き方が分からぬのは、やり方が間違っておってその要領に合っていないからだ。この中心力、美にして強。健康の極致、万芸の泉）

タ、上体は柔軟、ただ正しき中心力だけ渾然として、大なる明玉のように腹と腰との中央に納まる。

レ、眼光は前方にそそぐ。

ソ、息を吐いて腰を下ろした時、ヅーッと体を決める。

ツ、その際、息の吐き方、力の使い方、腰を下ろす動作が、自然加速度的に行って無理の無いようにする。

ネ、呼吸停止三秒間。腹と腰とへ、力を入れたまま。

ナ、練修の終わりごとに、ピシャッと両手で自然に両股を叩く。健康の精気、パチパチとほとばしる。

ラ、回数五。（独特なる　胃腸の強健法）

中心力養生法
（出典：独特なる胃腸の強健法）

ここで、春充はこの型が決まって、中心力が形成された時のことを、「そうすると、股（腹）の真中を通過する垂直線と、臍を通過して、地平に対して平行な直線とつくるところの、直角三角形の角を、二等分した直線の方向、すなわち、臍下丹田に向かって、引きしぼるような力が、ストッと動く。そして、下腹部を、ドカッと叩く。（それが本当の中心力だ。その力の動き方が分からぬのは、やり方が間違っておって、真の要領に合っていないからだ。この中心力、美にして強。健康の極致、万芸の泉）」と表現している。

このようにはっきりと、中心力について解説し、その体感を述べているということは、この頃にすでにほぼ正中心を獲得していたと見て間違いないであろう。

そしてここで、春充は、この型の要領を次のように解説している。

力、腕や肩に、力を入れない。鳩尾《みぞおち》を折らない。（傍点著者）

この解説で、「鳩尾《みぞおち》を折らない」としていることに注目したい。これまでのこの型の解説は次のようになっていた。

腰をかがめ、胸をちぢめ、水落《みぞおち》をくぼくして（傍点著者）、息を力強く吐き出します。（強い身体を造る法）

　このように、鳩尾をくぼめ（折って）、中心力を造っていたのである。ところが、この『独特なる　胃腸の強健法』に至って初めて、鳩尾を折らない型の解説が登場する。これは、「聖中心」の悟得とも関係する非常に重要な点である。よって遅くとも『独特なる胃腸の健康法』が執筆された頃、大正十一（一九二二）年には、中心の感覚が深まり、「小悟」を得ていたと考えられるのである。また、春充が「軟らかな強健術」の中で、特にこの「斜腹筋」の型を重視し、「正中心練磨法」と名付けていたことも重要である。この鳩尾をくぼめた型とくぼめない型の違いについては、さきにも述べたように「聖中心落節」の要《かなめ》となる非常に重要な要素であるので、後に詳細に検討する。

　この『独特なる胃腸の健康法』は、大正十二年一月十五日に天覧となっている。春充にとっては通算、四冊目の天覧となる。

　この年三月、長女紀子《のりこ》（四歳八ヶ月）、次女和子《かずこ》（三歳五ヶ月）の二人が、八幡野《やはたの》小学校の学芸会の番外において、漢詩、歌かるたなどの暗唱を披露している。

　そして、五月二十三日に長男が誕生し、修一郎《しゅういちろう》と命名する。

21　聖中心悟得

長男修一郎《しゅういちろう》が誕生して約一ヶ月後、春充は、「聖中心」に落節する。「正」中心ではなく、「聖」中心である点に注意されたい。なぜ「正」を「聖」と言い換えたのか？『独特なる胃腸の健康法』までは、見て来たように「正中心」感覚は生じており、それを「忽然《こつぜん》として、中心の、真生命に、落節、悟了した」と述べているが、今回の体験は、明らかにそれを上回ったものであり質的にも変化したからである。それはどのようなものであり、何が違ったのかを、これよりその体験たどりながら解明していきたい。まず、初めてその時の体験を記述している文を見てみたい。

しかもこれは、あえて私一個人の独自の新法でもなく妙術でもなく、先哲古聖がことごとく実践体得されて、口を極め筆をつくして称え導かれる所のものに他ならぬ。私は鈍劣自ら図らず、ただ健康増進の上より中心力養成の一途に向かってまい進し、精進しつつあった所が、大正十二年六月鍛練修養を始めてから二十有余年を経て、期せずして偶然身体の正中心点と、精神の正中心点とが自ら完全に合致統一し、聖境燦然《さんぜん》として展開されるにおよび、誠に古聖我を欺《あざむ》かざることを、明らかに体験することが出来たのである。（聖中心道　肥田式強健術）

ここで「身体の正中心点と、精神の正中心点とが、自ら完全に合致統一し、聖境燦然として展開される」と述べている点は非常に重要である。これまで、春充は運動法の要件として、運動と精神修養の分離を主張し、身体を操作することにより、精神を支配することに成功してきた。今回は、この境地が更に深まったものと考えていいだろう。

この精神と肉体の中心について触れた文は、すでに『強い身体を造る法』の中に見られる。

肉体と精神との連結点。霊と肉との接続点の鎖は、正しい位置を得た重心であります。この点は、幅もなく、厚さもなく、ただ位置あり。この点、ますます微小に砕かれて、ついに無形の心となる。心身相関、霊肉一致の原理は、ここに伏在しております。（強い身体を造る法）

また、『独特なる胃腸の健康法』の中には、次のような言葉も見える。

◇体育の終局目的は、活きている心身の調和統一にある。それによって、精神をも鍛練すると同時に、肉体の練冶をも最も有効にするのである。けれども、心身の統一と言っただけでは、はなはだ抽象的だ。どうしてよいか、少しも分らない。その方法のごときも、沢山あるけれども、最も正確に、最も簡単に、そして最も有効に心身を統一するのには、どうしたならば良いか。その最良法として、私は『瞳光《どうこう》の不眠《ふげい》』と言うことを提供したいと思う。瞳光《どうこう》の不眠《ふげい》は、練修法に対する画竜の点睛であって、肉体と精神とは、これによって連結される。肉体と精神との、連結点は丹田であって、精神と肉体とを丹田で結び付ける最も簡単有効な方法は、瞳光の不眠である。(独特なる　胃腸の強健法)

◇Nirvana《ニルバーナ》涅槃において、迷妄を脱却し、煩悩を棄捨し、無為の光明界に帰すると言うのも、結局精神の統一に他ならぬ。そして、真に精神が統一した場合には、肉体は必ず統一しているものである。いや、精神と肉体とは、下腹丹田において混結冥合《こんけつみょうごう》しているものである。(独特なる　胃腸の強健法)

始めの『強い身体を造る法』では「正しい位置を得た重心」を、肉体と精神の連結点とみなし、この幅、厚さもない位置だけの点が砕かれて始めて、精神と肉体の融合、霊肉の融合がありうるとした。また、次の『独特なる胃腸の健康法』には、「肉体と精神との、連結点は、丹田であって云々」ともある。さらに、「精神と肉体とは、下腹丹田に於いて混結冥合」するとも述べている。ここでのべられている「丹田」は、この場合、春充の説く「正中心」とみなして良いだろう。今回「身体の正中心点と、精神の正中心点とが、自ら完全に合致統一し、聖境燦然として展開される」と述べているのは、正にこの「肉体と精神の連結点(正中心)」が「無形の心」となり「霊肉一致」したことを指している。それまで、理論的には理解されていた理想の境地が実現したのである。

そして、更に注目すべきは、「しかもこれは、あえて私一個人の独自の新法でもなく妙術でもなく、先哲古聖がことごとく実践体得されて、口を極め筆をつくして称え導かれる所のものに他ならぬ」と述べている点である。春充は、みずから編み出した強健術は、古人の唱道する実践法と同様あるいは、その応用に過ぎないというのである。そもそも、強健術そのものが、サンドウ、やベークマンら先達が築き上げた実践法を元としている。さらに、春充は、その初期の著作の頃から、常に自身の強健術と東洋の養生法、禅などとの比較を行ってきており、その頃からすでに、自身の方法はそれらの延長線上にあるとの認識を持っていた。たとえば、処女作『実験　簡易強健術』においては、寝た姿勢で行う「内臓操練法」を白隠禅師《はくいんぜんじ》の「和神導氣《わしんどうき》の法」と比較している。また、他の箇所では、『卍庵法語《まんじあんほうご》』という書に記述がある禅の境地と強健術を比較して、それらが一致するとも述べている。

特に六冊目の著作『強圧微動術』に至って、禅および東洋の養生法の究明は極めて徹底したものとなる。次の文章などは、禅の悟りについて明確に述べたものである。

禅はすなわち梵語《ぼんご》の禅那《ぜんな》Dhyana《ディヤーナ》であって、静観して理を明らかにし、欲縁を離れ、心の繋縛《けばく》を絶つことである。釈迦以前における、婆羅門《バラモン》の諸派においても、すでに修行されておって、その僧法（サーンクヤ）から、分かれた瑜伽《ヨーガ》は、最も禅定を重んじたもので、瞑想と修定とを、悟道の第一義と信じていたのである。禅とは端座して三昧に入り、宇宙の大生命と同化することを言うのであるが、思うに、そのいわゆる大禅定の極致に入り、大悟徹底の境を味わうの妙は、呼吸が自然に深く、正しく、心身が自然に調和統一した時であらねばならぬ。(強圧微動術)

ここでは、禅の定義をそのサンスクリット語(梵語)の語源にまで遡り、明らかにしている。さらに、その大悟徹底に至るためには、呼吸が深く、正しくなり、心身が調和統一する必要があるとした。呼吸と、精神と身体が一致調和することが重要とみなしている点は、その要点が強健術の要領と全く一致する点でもはなはだ興味深い。またここでは、印度六派哲学の一つサーンキャ哲学に言及し、それを哲学的拠り所としているヨーガについても触れている点など、春充の関心の広さが窺える。

この他にも中国道教に伝わる修行法についても、『荘子《そうし》』や『抱朴子《ほうぼくし》』などを引用し考察している。中でも胎息《たいそく》と呼ばれる、鼻呼吸をほとんど停止する呼吸法や、関(丹田)に気をとどめる方法など、主に呼吸法、養生法に深い関心を示しており、養生法の中でも呼吸に合わせて体を動かし、自ら体をマッサージする導引《どういん》と呼ばれる方法についての詳細な考察も行っている。また、禅においては、白隠禅師の『夜船閑話《やせんかんな》』や天台大師智顗《ちぎ》の『摩訶止観《まかしかん》』、『小止観《しょうしかん》』などを縦横に引用し、特にそこに説かれる呼吸法に注目している。このように春充は、初期の頃から謙虚に先人の足跡をたどりつつ、自身の鍛錬法の立ち位置を客観手に認識し、強健術はその応用に過ぎず自身の体験も先人のたどり着いた境地と変わるものではないとの見解を抱いていたことは重要である。

22　聖中心体得の瞬間

それでは、春充が聖中心を体得した時の記事を見てみたい。

大正十二年六月一八日夜、私は一人この小屋に上って、簡易練修法第四斜腹筋運動をやって見た。これはまた、一面基本運動として私が最も重要視している所のものである。

両脚を踏み開いて立ち、腰を反り胸を開き、両腕を体側から頭上に上げながら、息を吸い込む。この時両膝はピーンと伸びて、体の重さは爪先に落ちる。

頭上で組んだ両手を、腕を伸ばして前方に下ろしながら息を吐き出す。同時に胸を縮め、鳩尾《みぞおち》を凹《くぼ》くし、腰を屈《かが》めて腹の形を丸くする。両膝は折って、体重は踵に落ちる。（聖中心道　肥田式強健術）

ここで、「同時に胸を縮め、鳩尾を凹くし、腰を屈めて腹の形を丸くする」と言っていることに注目したい。この形は、明らかに腰を丸くし、腹に力を入れる型である。先に検討した、腰を反る型をすでに行っていたのではあるが、この頃は未だ腰を丸くする方法と、腰を反る方法の両方を特に意識することもなく混在して用いていたことがわかる。

そういう操練をやるのであるが、その時私は眼下の絶景も忘れてしまって、無我無心にやっていると、—ドカッ突如!!いまだかつて経験せざる所の強大恐るべき力が、腰と腹との中心から迸り出た。それは床を突き通して、地中に入り、地球の中心を貫いて、ストーッ。無限の大宇宙を、無限に突き抜けて行った。

オオ無限の力だ。無限の力!無限の力!オオ、無限の力だ。—身も心も震蕩《しんとう》する絶大の力、光明の揺めきだ。生命の躍動だ。これこそは真に、『活ける生命の泉』だ。無限の力と共に、無限の歓喜は、私の中心から全身に漲《みなぎ》った。しかも何んとドッシリと落ちついた喜びである事よ。泰山《たいざん》の重さである。大宇宙の静けさである。そうして身も心も、聖愛と生命との靄《もや》に、包まれているかの様。ちょうど彼の燃え立つオリオンの大星雲中に、座するかの様でもある。(聖中心道　肥田式強健術)

これが、「聖中心」に悟入した瞬間の描写である。「無限の力」(身体)と「無限の歓喜」(精神)の両者の経験である点が重要である。つまり、肉体の中心と、精神の中心が完全に合致した瞬間ともいえるであろう。続けて春充は、語る。

しかも、軽妙、超脱、虚無、私の体には何も残らない。ただ白い透明な輝きの外。…サラッ、サラッ、サラッ、体における一切が、サラッ、サラッと音を立てて振り落とされてしまった。

何という、身軽さ、何という気安さ、何という楽しさ、何という穏やかさ、何という温かさ。陶酔、恍惚、感謝、満足、充実、…。もう沢山だ。受け切れぬ恩寵に、身も心も、張り裂けそうだ。オオそうして、何という輝かしさ。…何という力強さだ。

何という力だ。何というえらい力だ。—無限の力…あるべきではないその言葉以外には、表現の道がない。どこへも滞らない。どこへも触らない。ドカッと、何物をもぶち抜いて行ってしまった。ひどい力だ。恐ろしい力だ。けれどもどこへも当たらない。腹にも、足にも、えらい力が走ったけれども、何にも障らない。ツツウと、突き徹って行ってしまった。—無限の力…これは物理学的な言葉ではないが、この力の実質を、形容するにふさわしい他の言葉を私は知らないのだ。（聖中心道　肥田式強健術）

肉体と精神の中心が完全に合致した瞬間、「軽妙、超脱、虚無、私の体には何も残らない」、肉体も精神も虚無に帰してしまう。そして、表現のしようがなく様々な言葉を尽して、精神の到達した境地を、肉体に感じた「無限の力」を表そうとしている。その境地は、心身一如の状態であるので、通常の言語では表現しきれない。なにか、もどかしさすら感じる非常に生々しい記述である。そして、心身妙合の力は、それまでの力と大きくその性質を異にしていた。

私の力の性質は、全く一変した。全く違った力となった。私はこれを『円満無限の力』とでも名づけたい。それまでの力は強かったけれども、ゴツゴツしておった。重い物を持ち上げたり、人を投げたりする単なる物理的の力であった。動物的なただの力であった。『円満無限の力』とは真人の力である。肉体の力と魂の力とが合一したものである。それまでの私の力は、強かったけれども、堅かった。すなわち単なる体力に、過ぎなかった。だが、真の正中心力には艶がある。潤いがある。生命がある。無礙《むがい》（妨げの無い）の力である。柔剛混溶の力である。力の精華である。すなわち聖なる力である。（聖中心道　肥田式強健術）

その「力」を春充は、「円満無限の力」と名付けた。そしてそれは、「肉体の力と魂の力とが合一」したものであるという。

私は狂喜した。さらに斜腹筋運動の氣合い応用練修法を試みて、右足を力強く踏み附けた瞬間…ボクッ—オヤ!!杉の八分板は、綺麗に足の形に踏み抜けているではないか。二回、三回、ボクッ、ボクッ、何の手応えもなく、踏み抜けてしまった。第四回、ボキーッ、終に太い根太までも、踵の形を立派に残してヘシ折れてしまった。この時の板も根太も、今記念として私の道場に飾られてある。（聖中心道　肥田式強健術）

床を踏み抜いた外斜腹筋の型
（出典：川合式強健術）

この精神的変化ばかりでなく、肉体の力までもが変化してしまった点が、「聖中心落節」の大きな特徴である。これまで、精神的修養、修行で精神的に悟脱したり、インスピレーションを得た人物の例は多かったが、精神の変化と同時に、物理的、肉体的な力が変化した例を著者は寡聞にして知らない。普通の精神修養は、心を鍛え、肉体にその影響を及ぼそうとするものであった。それに対し、肉体を鍛錬することにより、精神を支配しようとしたのが、強健術である。このアプローチの違いが、このような結果を招いたのであろうか。

はて?はて?はて、はてな?—??!!私は冷静に顧みた。そうしてその際における、自分の姿勢動作について、厳密なる審査を施し、細かにその時の力の作用を検討した。

その結果、見よ、熱鉄のごとき中心の赤誠迸り出るところ、私は全く無意識の中に、従来、簡易練修法でやって来た型を踏断し、打破し、ぶち破って、—腰腹同量の力を造り、腰を反り、尻を突き出し、腹を下方に張り、鳩尾《みぞおち》を凹《くぼ》くせず、重心は両足中央に落ちる形であったのだ。

(聖中心道　肥田式強健術)

腰を反った型
(出典：川合式強健術)

腰を丸めた型
(出典：強い身体を造る法)

ここで述べられている、「従来、簡易練修法で、やって来た型」とは、腰を丸くし、鳩尾《みぞおち》をくぼませ腹に力を入れる型のことである。繰り返しになるが、『強圧微動術』や『独特なる胃腸の健康法』において、腰を反る型を述べていたにも関わらず、腰を丸くする型を行っていたということは、当時、両方の型を混在させて行っており、それが、「正中心感覚」の不徹底に繋がっていたものと考えられる。そして、「聖中心」に落節した型が、「腰腹同量の力を造り、腰を反り、尻を突き出し、腹を下方に張り、鳩尾《みぞおち》を凹《くぼ》くせず、重心は両足中央に落ちる形」であった。

私の眼は冴え渡った。軟らかに輝いた。公明と真勇と、正義と強大と、そうして清純と温愛と、寛洪と慈徳と、混合し溶和した眼眸だ。私は、私自身の眼に宿った美しき色彩を直覚した。心身共に清浄透明にして、しかもそれが完全に、正中心で統一冥合した時に、私はこの聖き喜びと力と美しさとを直覚したのだ。（正中心道　肥田式強健術）

ここでも、「心身共に清浄透明」であり、心と身体が、「正中心で」完全に統一冥合したことを直覚している。

次に春充は、中心に落節した姿勢と、禅の関係について検討する。

小屋の手前に、松の老木がある。その下にやや平らではあるが小さな角がゴツゴツした約二・二五キロもある大石が据えてある。地中に埋もれてあったのを、私が掘り出して運んで来たものである。私は今の姿勢と、座禅の姿勢と、中心の形は同一であると考えたから、小屋を下りて素足のままその岩の上に結跏趺座して見た。岩角はジリジリと、脚に食い込んで来るが、我が正中心はかえってキュッと引きしまって岩と一体となり、さらに岩と共にドッカリと、大地に連なる真境を体験することが出来た。悟道の妙境に突入するのに、私は一段の力を覚えた。―ピタリ…正中心が決まった時、脚の激痛も我自身も茫洋として無限の虚無に消え去り、大生命の活泉は滾々《こんこん》として、腰腹の中心に沸き起こった。この時の呼吸はきわめて静かで、ほとんど止まっているかの様である。明け方に光芒が指す頃、朝と夜の区別がつかないように、生死の別目も分らぬ位だ。（聖中心道　肥田式強健術）

座禅石に座り折れた根田を持つ春充
（不二山荘蔵）

この実験により、中心姿勢と座禅の姿勢が同一であることが判明する。後に春充は、さらに詳細に座禅の姿勢を研究し、その欠点を改良している。ここで注目したいのは、正中心が決まった瞬間、「我」が虚無に消え去り思考、感覚がなくなって、ほとんど呼吸が止まってしまったという点である。どちらも、禅の目指す境地であり、それが観念を用いずに、姿勢を整えることにより達成した点が、強健術の大きな特色と言えるだろう。この境地に落節したことを春充は、次のように振り返る。

出し抜き、―全く出し抜きであった。私の力は少しも関わっていない。私は何の作為する所もなく、何の研究する所もなかった、平常通り熱心に、無我無心に自分の練修法を、やって見たにのに過ぎなかった。ところが出し抜きに、完全なる正中心にぶつかった。―ピシャッ―。突作の間であった。これこそ偶中と言うか、偶発と言おうか、本当に偶然だ。全く思いもかけずに…そんなことなどは、私は全然、予想さえもしておらなかった。その時のその瞬間まで。―（聖中心道　肥田式強健術）

作為のない所に、突然天啓のようにこの境地が現れたという。何の作為も、研究する所もなかったとは言っているが、理論的にはすでに腰を反った型は完成していた。しかし、そのようなことを考え、あるいはその型を意図的に行おうとしたのではない。ここで重要なのは、無我無心であったことである。つまり「我」がそこには存在しなかったのである。「我」がないからそこには、作為も研究も存在しえない。その「我」が存在しなくなった所に、正中心の境地が開けたのである。裏をかえせば、正中心の境地を悟得するためには、「我」があってはならないということになる。その「中心」悟得の瞬間を、春充はパウロが天光に打たれた例と、白隠禅師《はくいんぜんじ》が忽然《こつぜん》として悟った例を挙げて比較している。以下に、春充がその境地をどのように表現しているかを見てみたい。

この時を区切って、未見の新天地は私の衷《うち》に展開された。身も心も、浮き雲に乗っている様に軽くなった。しかも潤いのある大活力は、常に腰腹の間にただよい、輝きのある楽しさは、常に胸郭の中にみなぎった。そうだ。完全なる中心力を、体得したその瞬間から私の世界は一変した。ガラッとした別天地に、躍り出した。まあなんという気軽さだ。何という明るさだ。体、心…何物もサラリと、脱落してしまった所に、しかも鮮やかな、活々《いきいき》した、ユッタリした我がある。天地の大生命に連なり、大能の愛の抱擁の中に感泣する我と言おうか、万古《ばんこ》の月が静かに照らす、冷たい水をたたえた池の淵にたたずむ我と言おうか。一つの草もなく、一鳥も飛ばない高山の頂きに立つ神殿において、静かに祈る我言おうか。清浄、無垢、純真、透明、我が全心身、全精力、全生命、全霊魂は、渾然として、天と地と、宇宙とに、溶け込んでいった。深い沈黙と、亢奮《こうふん》と、美しい感激との渦巻に、私はただ身震いした。酒を飲まずして陶酔の境、阿片《アヘン》を吸わずして恍惚の域、しかも清明艶麗《せいめいえつれい》の極、光輝と生命と歓喜とを織りなした自然生まれて初めて解かれた、大絶美の姿、何という素晴らしい光景だ。その芸術的、音楽的情緒を、表現すべき適当の言葉を私は覚えない。一体何と叙述すべきか。言語に絶している。実に拈華微笑《ねんげみしょう》（釈尊が花を拈《ひね》ったのを見て、高弟の摩訶迦葉《まかかしょう》だけがその真意を悟り微笑んだという逸話より真理は言葉では伝えられないとの意　著者注）の他には、あらわすべき手段とては無いであろう。

恍然として陶酔の境にあるけれども、理性はますます鮮やかであって、一切はことごとく明らかである。けれどもその間、思考の機関は全く停止せられている。その矛盾と調和との妙機は、知る人ぞ知る。

（聖中心道　肥田式強健術）

ここで春充は、この境地は言語で表現することは不可能であり、陶然としているが、明晰であり、思考が全く停止した状態だと述べている。この境地は、後に禅界の泰斗飯田檔隠《いいだとういん》より、禅の境地と同様であることを認可されるが、禅や宗教的修行によらず、純粋に肉体的鍛練によって、このような境地に達した例は、古《いにしえ》の武士が剣の厳しい修行により剣禅一如を指向したことなどと比較でき大変興味深い。

23　聖中心落節以後の主な変化その1

正中心に落節してから、春充の心身には、様々なある意味奇妙な変化が訪れる。それらは、言わば一種の神秘体験と言ってもよいものかもしれない。春充が、強健術を行い虚弱から脱出した時にも、心身の大きな変化があった。しかし、これらは身体が健康になり、頭脳が明晰になるなどある意味合理的な結果であった。これに対し正中心に落節してからの身体変化は、神秘的な色合いを持つ。これまで合理主義者であった春充が、神秘的なことを語るのは、少々戸惑いを覚えるが、しかしそれらを詳細に検証してみるとそこには逆に人間の身体の大きな可能性が垣間見えてくる。

まず春充の身体に訪れた予想もしなかった奇妙な変化は、足先が熱くなるというものである。春充は、次のようにその体験を記している。

私は強い正中心力を体得してから、私の爪先は、焼けるような熱さを感じることがしばしばある。ちょうどヤケドをして火ぶくれにでもなっているかのようで、厳寒でもとても、布団の中など入れては置かれないことがある。そんな時にはいつでも、両足先を布団から出して、スッカリ冷たくなるまで冷やすのを常としている。

足先といっても、それは五本の指先であって、小指から段々熱さの度が強くなって、親指が最も甚だしい。だのに触って見ると、不思議なことにかえって冷たい。握った手のひらの方が、むしろよほど温かなことが多い。

しかし、両脚指先は、火照《ほて》って火照ってヤケドした時の感じとちっとも変わらない。けれどもこういう時は、必ず上体は柔軟空虚であって、全我がことごとく正中心に、収まった時でなければならない。体も晴々しているけれども、心の楽しみはさらに、窮《きわ》まりなきものである。（聖中心道　肥田式強健術）

ここで述べられている状況によれば、指先はヤケドほどの熱さであり、単に血行がよくなって暖かいなどという話とは程度が違う。さらに指先のみ熱く、五本の指の小指より熱さが強くなり親指が最も熱く感じ、それでも触ると実際には熱くはなっておらず、冷たく感じると報告している。このような状況から考えると、肉体的に熱を持っているのではなくして神経的、脳における感覚的に熱く感じている可能性が考えられる。

現在知られているこの状態に近いものとして、「レストレスレッグス症候群」というものがある。通称「ムズムズ脚症候群」と呼ばれているものであるが、じっとしていたり寝ている状態の時に下肢や背中に「ムズムズした感覚」や「痒い感覚」「ピンや針でなぞられたり、刺されたりするような感覚」「虫が這っているような感覚」「火照るような感覚」などの異常感覚が生じ、脚をさすったり、体を動かさずにはいられなくなる症状を発する。この時、火照るなどの感覚はあるのだが、実際に熱くなっている訳ではない。詳細な原因は不明とされているが、神経伝達物質であるドーパミンの機能低下、中枢神経における鉄分不足の代謝異常、脊髄や抹消神経の異常などではないかと言われている。

春充の場合は、「火照り」を感じるということであるが、健全な肉体であり精神的にも清々しているので病的な現象とは考えづらい。しかし、「レストレスレッグス症候群」のように、脚そのものに原因があるのではなく（春充は触ってみると、脚先そのものは冷たいと言っている）、その感覚を司る神経系か脳に何か原因があると考えることはできるのではないだろうか。「レストレスレッグス症候群」の原因の一つとして神経伝達物質ドーパミンの機能低下がかかわっているとの見解があるが、春充の場合脳内において、身体の感覚を司る神経系統あるいは、神経伝達物質になんらかの変化が起こりそれが足先の熱さとして、感覚的に自覚された可能性が考えられる。

24　聖中心落節以後の主な変化その2

そして、次の生理的変化も興味深い。肉体の物理的重心に心身両方の中心が一致した時、身体より芳香を放つというのだ。

最も一つ、私は私自身の上に現れた、予期せざる生理的変化について語らざるを得ない。それは心身両方面の中心が、正しく身体の物理的重点に合致した時、私の体からはどこともなく、妙なる芳香を放つことがある。種々の香料も持たない、気高い香りなんだ。そうしてそれは、ちょうど乳のような味を持っていることを私は感ずる。(聖中心道　肥田式強健術)

この、身体より芳香を放つ、という事例を春充は、白隠禅師《はくいんぜんじ》の著書『夜船閑話《やせんかんな》』の中に見出す。

先哲、白隠禅師は(夜船閑話の中で)、すでに言っている。『心の作用により、鼻はたちまち不思議な香りを嗅ぎ、身体は突然、妙なる香の軟らかな感触を受ける』と。

最初私は、これをもって爽快感を現す美的形容詞に過ぎないと思っておった。しかし、それは正中心より発し来る、実際的生理現象であったとは、どうして知ることができようか。(聖中心道　肥田式強健術)

そしてその状態を、生理的に次のように分析する。

それは、完全な真健康によって、呼吸、血行、筋肉の緊張弛緩、その他すべての生理的状態が最高位にあり、そして身外の自然作用と相連なり相交わり、両者共に渾然として一つになった時に始めて発し来るものである。（聖中心道　肥田式強健術）

生理的状態が最上の時に、外界の自然作用との相関によって生ずると考察している。さらに、この香りについて次のように述べている。

私はこの香り、この一種の体臭を、健全なる心身合一の香りであると言いたいと思う。そしてこれとて何も決して神秘的なものではなく、完全なる心身の健康を得た者には、何人にも起こり来る生理的現象であることを、私は疑わない者である。（聖中心道　肥田式強健術）

先に春充はこれを「予期せざる身体変化」と記していただけに、この体験の記述は非常に詳細でリアルである。さらにその体験の記述を次に引用する。

けれどもこれは、外の人にはほとんど解らないようである。私は盛んに、この清香を味わっているのに、そばの人は、さらに知らないからである。しかしながら、時には、感ずることもあると見えて、『何だか大変、良い香りがする。何だろう』と、不思議がられることもある。（聖中心道　肥田式強健術）

また、この香りを感じた横浜市日下小学校教師土屋友男の書簡を引用している。

先生が正中心の真諦について、お話し下すった時、先程からどうも不思議な芳香が、漂っていると思って居ましたが、そのため（〝正中心の真諦〟を差すと思われる　著者注）であったのかと、今さらながら、私共の想像もつかない玄妙さに打ち驚き、この道に対して無限の励みと楽しみとを覚えました。私は今、この手紙を書きながらも、それを思い出しまして、もったいないやら有り難いやらで、ひとりでに涙がこぼれます。（聖中心道　肥田式強健術）

この書簡によれば、香りは明らかに、第三者にも確認できる、物理的な現象であったことが、はっきりする。

また、同様の体験はその他の文献にも見られる。

どのような高価な化粧品でも感じたことのない芳香が激しく波打って来て私の全身を包んだ。そしてどのようなご馳走でもかつて味わったことのない美味が、飽く所を知らず舌端から湧いて来て胃の中まで

沁み込んで行く。（機関紙　聖中心道　No.35）

これまでの記述を見てくるとこの芳香には、ある特徴がある。まず、本人は絶えず芳香を感じているのに、他人にはそれほど感じられないこと。また、他人が感じる際は、どうも春充が話している時であること。さらに、「ちょうど乳のような味」と表現したり、「どのようなご馳走でもかつて味わったことのない美味が、飽く所を知らず舌端から湧いて来て胃の中まで沁み込んで行く」と表現しているところから、春充はこの芳香を、嗅ぐと同時に、味わっていること。それは、舌端から湧き出るように感じることである。

恐らく、この芳香の正体は、「舌端から湧き出る乳のような美味」なのであろう。口の中に発生し、鼻に近いので、本人には、芳香と美味が常に感じられるが、口を閉じていると他人には、中々感じられない。ところが、話せば口が開くので、その芳香が口から漂い、第三者にもその香りを、感じることが出来る訳である。この味覚と芳香は、先ほどの足指の熱感のようなある意味主観的な感覚とは違い、第三者にも観察される客観的な現象であり、脳内の神経細胞や神経伝達物質の変性だけでは説明がつかない。この奇妙な現象については、春充の最晩年を記述する際に考察したいと考えている。と、言うのも、春充は晩年にさらなる能力を獲得するのであるが、その能力と今回の身体的変化は密接な関係があり、それらと関連付けて考察したほうが解りやすいからである。

25　聖中心落節以後の主な変化その3

次に訪れた変化は、視力である。もともと春充は、視力が良かったが、それが五十四歳を超えても、変わらないどころか、体力の増進と共に益々良くなったという。

練修中、私の眼光が、清く明らかに冴え渡ることは、観者の等しく認め得る所であるが、完全なる大中心力によって鍛えられる所、そこに澄徹静穏《ちょうてつせいいん》なる涅槃のパラダイス境は、突如として展開されるのである。

その結果、私の視力は五十四歳の今日、青少年時と毛頭も変わっていないのみならず、かえって益々明らかに、益々強くなっている。

だから視力表は、普通検査の倍以上の距離でも一切を明瞭に読むことが出来る。

この著述をするために、至誠堂発行の『ベピ新辞典』を時々つかったことがあるが、マッチ箱よりもズット小さな本に三万三千語から集めてあり、本字が粟粒大でありその振仮名は更にその十分の一位の細字であるが、私は夜中の執筆に十燭（カンデラ）の電灯下で、もとより眼鏡などの必要ないのだ。（聖中心道　肥田式強健術）

さらに、毒性の眼病で視力を失った人が、菜食と中心力とで、視力を回復し、人の顔が判別できる程度のレベルから、新聞の文字が読めるまでに回復した例を上げ、春充も中心力の進歩とともに視力が良くなっているという。これは、後の「天真療法」にも通じるものであるが、中心の鍛練が、たとえ病人であっても可能である例としても重要である。

さらに、物理的な目の良さだけではなく、心理的な眼力も出てきたという。

単に一切のものが、細大ことごとく明らかに眼に映るのみならず、この眼光の注ぐ所、奸者悪漢共は、直ちにその肺腑を射貫かれて萎縮し、憐れな敗残者は、その心肝を湿らされて、同情推察の涙に洗われる。そして、この眼光を以て、新聞、雑誌、書籍などを閲読すれば、ただちに紙背に徹し、その真相を観取すると同時に、いかに美辞麗句を連ねたものであっても、白く塗った墓の偽善、羊頭を掲げた狗肉の擬装は、たちまちえぐり出されて、覆うべくもないのだ。
これは、中心清明の真鏡に一切がそのまま映し来るからであって、少しも不思議なことでなければ、また私自身がことさら誇張の言葉をもてあそんだのでもないのである。
すべては、正中心による自然の働きに過ぎないのだ。
そしてそれは、一点の誇りも高ぶりも一塵の穢れも濁りもない虚無絶対の境だ…。

（聖中心道　肥田式強健術）

眼力で、相手を射すくめ、慰撫し、真相を見抜く。不思議なことではなく、正中心の自然の働きに過ぎないとする。そして、この境地は絶対虚無の境地でなければ不可能であるとしている。後の宇宙倫理に通じるものとして大変重要である。また、この能力で、事件の真相を見抜き、解決していく様は、後に見ていきたい。

さらに、「正中心」が決まると「世界が光に包まれて見える」との記述が、著作『聖中心道　肥田式強健術』のいたる所に見出せる。その中でも、代表的なものを見てみたい。

人体の物理的中心を鍛えること、そこに精神修養の妙諦が潜んでいる。正確な中心を得ることによって、精神状態は機械のごとくに支配されるものである。もし、ピシャアツと強大な中心力が生ずると、精神の中心は自ら下ってその一点に集中し、一切の思念観想は機械の運転が中止したように、ピタリと停止されてしまう。考えようとしても、考えることは許されない。思念しないのではない。思念することが出来なくなるのだ。明朗なる無念夢想の状態は、自ら現出される。
この時において天地の万象は、燦然として輝き、樹も草も岩も流れも、五色の採光を放って眼に映ずる。ただこれ一瞬転、一瞬にして栄光の世界と化す。オオその美しさ、浄土と言いパラダイスと言うといえどもこれ以上のものとは思われない。（聖中心道　肥田式強健術）

そして次の記述は、昭和二年十一月に八幡野《やはたの》の海岸線の風光を撮影するために、東京シネマ社長らとモーターボートに乗船した春充が体験したものである。

私は一人舷側に腰かけておったが、フト心付いて腰腹同量の正中心を調えた。すると、―突如…その瞬間、海岸から天城の連峰までパッと輝き渡って、静穏そのものの世界となった。断崖、その上の松、楊梅《やまもも》、また一切の雑木、雑草、ことごとく燦然たる光を放った。それらのすべてが、五色の光彩に包まれた神々しさ。その、落ちつき払った穏やかさ静けさ。活々《いきいき》した素晴らしい美しさ。アア！何としたことであろう。私はただうっとりと心奪われて、絶大の法悦の内に陶酔した。

風は強い。波は荒れる。船は躍る。岸は動く。…だが、何という静けさだ。何という穏やかさだ。そして何という輝かしさだ。涅槃城裡《ねはんじょうり》の夢とは、まさにこのようなものであるか。―しかもそれは、全くの機械的であった。機械的に、最も正しい中心の姿を執っただけである。何ら、瞑想、観念の力に依らないのである。（私は瞑想、観念を排除するものではない。正しい瞑想観念は極めて良いことである。ただ私のこの場合は、正中心の強い力によって、機械的に光明界が現前する事実を述べたのに過ぎない）

（聖中心道　肥田式強健術）

肉体の正中心と、精神の正中心が一致して、思考停止状態が導き出されると、あたりの物はすべて燦然と五色に輝き出すのである。この経験も、全く予想していなかったものである。そこで春充は、この体験を先人が残していないか、調べてみた。

まず、道元禅師の『普勧坐禅儀《ふかんざぜんぎ》』の次の文に注目する。

諸縁《しょえん》を放捨《ほうしゃ》し、万事を放擲《ほうてき》し、善悪を思わず、是非に管《かん》すること勿《なか》れ。心意識の運転を停《や》め、念想観の測量を廃《や》め、作仏《さぶつ》を図ること勿《なか》れ。

(訳)あらゆる認識の対象を断ちきり退け、万事を打ち捨て、善悪を思わず、是非を心にかけることをしてはならない。心が外界の対象に向かう思慮分別の運転を停止し、心が自分の内面に向ける思慮分別が測量することを廃止し、成仏しようとしてはならない。

この文を春充は、次のように捉えた。

道元禅師は、すでにその境地に到達しておられるので、前後の順序などに構わず、その境涯を述べられているが、その道程を分解的に言うと、坐禅辨道《ざぜんべんどう》によって正中心が定まると、心意識の運転は機械を操るようにピタリと停止し、念想観の測量は自ら休止されるのであって、その結果また自然に、諸々の因縁を投げ打ち、万事を超越し、善悪是非を裁断し去る清明境に躍出し、成仏しようとしなくても、そこに慈悲円満な阿弥陀如来の出現を見るのである。
まず正中心を得て心意識の運転を停め、念想観の測量を廃止するのでなければ、諸々の因縁を放捨しようとしても出来ない。善悪を思わないようにしようとしても出来ない。是非を心にかけないようにしようとしても出来ない。

前者を得れば、後者は自ら得られる。前者を得られなければ後者は得ようとしても、得ることが出来ない』（聖中心道　肥田式強健術）

春充自身の経験からして、道元の言の、前半部分と後半部分の順序が、逆であると考えたのである。そして、道元の言に、「心が外界の対象に向かう思慮分別の運転を停止し、心が自分の内面に向ける思慮分別が測量することを廃止し」の句があることにより、

自分の経験に証して、いうまでもなく道元禅師は、五十年六十年の刻苦修行により禅の中心力で、機械のように精神を支配し、神経作用並びに思考の機関を停止されたものであることを、想察することが出来た。そうだとすれば、その際、天地の一切が光明に輝く境地を書かれた文章が、師のたくさんの著述の中のどれかに無ければならないと思っておった。（聖中心道　肥田式強健術）

こうして、たまたま手にした、『高僧名著全集　第五巻　道元禅師篇』（平凡社　昭和五年発行）の『正法眼蔵辨道話《しょうほうげんぞうべんどうわ》』中に、その記述を発見するのである。以下に、春充が引用した原文と訳を掲げる。また、文中のカッコについては後に解説する。

『大師釈尊、まさしく得道の妙術を、正伝し、また三世の如来とともに、坐禅より得道せり。この故に正門なることを相伝えたるなり。しかのみにあらず西天東地の諸祖みな、坐禅より得道せるなり。（辨道話　P.25）参見知識の始めより、更に焼香礼拝念仏修懺看経を用いず。但し坐禅して心身脱落することを得よ。（辨道話　P.23）三昧に端坐する時、偏法界みな仏印となり、悉く虚空悉く、悟りとなる。（辨道話　P.23）一時に心身明浄にして、大解脱地を證し、本来面目現ず。（辨道話　P.23）是の化道の及ぶ処の草木土地共に、大光明を放ち、深妙法を説くこと、極まることなし。（辨道話　P.24）尽く十方世界、是れ一顆の明珠成り（一顆明珠　P.47）』と。

（訳）『大師釈尊は、仏道を体得するすぐれた方法、すなわち座禅を正伝し、三世（過去・現在・未来）の如来もまた、同様に座禅から仏道を得ている。それゆえに、座禅が正門であることを伝えているのである。それればかりでなく、インドや中国の諸祖たちも、みな座禅から仏道を得ている。（辨道話　P.25）師匠に参禅する最初から、焼香・礼拝・念仏・修懺（懺悔すること）・看経（経典を読むこと）を必要とせず、ただ座禅して心身脱落するべきである。（辨道話　P.23）自受用三昧に端座するとき、全世界がみな仏の印づけとなり、虚空全体がことごとく悟りとなる。（辨道話　P.23）みな同時に身も心も明らかで浄らかとなり解脱の大地を実証する。（辨道話　P.23）このような教化のおよぶところの草木や土地は、いずれも大光明を放って、極まることもなく深妙の法を説いている。（辨道話　P.24）「世界はことごとく、一個の明珠（あかるいたま）である」（一顆明珠　P.47）』と。

心身明浄にして、草木土地共に大光明を放ち、天地宇宙の一切、ことごとく透き透った明玉だと言う。この境涯を、十二分に説いている。さらに、『草木や垣根や壁は、よく凡夫・聖者などの衆生のために説法し、また凡夫・聖者などの衆生は、逆に草木や垣根、壁のために説法する』（辨道話　P.24）と言って、草や木や垣根や壁までも巨霊躍る神界を直感されている。（聖中心道　肥田式強健術）

春充がここに引用している文は、続いた一文ではなく、「正法眼蔵」中の二つの文、「辨道話《べんどうわ》」と、「一顆明珠《いっかみょうじゅ》」の各文を前後バラバラに引用し一文にしたものである。記憶のままに記述したためこのような形になったのか、また別の意図があってこのような文にしたのかは不明である。また、「一顆明珠《いっかみょうじゅ》」の語は、道元が言ったものではなく、玄沙師備《げんしゃしび》（宋一大師《そういったいし》　八三五〜九〇八　中国の禅僧）の言である。参考までに、春充が引用した『高僧名著集　道元禅師篇』（昭和五年　平凡社刊）のページと原文および訳を引用しておく。

正法眼蔵
　辨道話《べんどうわ》

宗門の正伝に曰く、この器伝正直の仏法は、最上のなかに最上なり、参見知識のはじめより、更に焼香、礼拝、念仏、修懺、看経を用いず。ただし打坐して心身脱落することを得よ。もし人一時なりといふとも、三業に仏印を標し、三昧に端坐する時、遍法界みな仏印となり、盡虚空ことごとく悟りとなる。ゆゑに諸仏如来をしては本地の法楽を増し、覚道の荘厳をあらたにす。および十方法界、三途六道の群類、みなともに一時に身心明浄にして、大解脱地を証し、本来面目現前する時、諸法みな正覚を證会し、万物ともに仏身を使用して、速やかに證会の邊際を一超して、覚樹王に端坐し一時に無等々の大法輪を転じ、究竟無為の深般若を開演す。（高僧名著全集　第五巻　P.23）（傍点部分を引用）

（訳）宗門の正伝につぎのようにいわれている。このひたすら伝えてきた正しい仏法は、最上の中の最上である。師匠に参禅する最初から、焼香・礼拝・念仏・修懺（懺悔すること）・看経（経典を読むこと）を必要とせず、ただ座禅して心身脱落するべきである。たといひとときであっても座禅して、身・口・意のすべての働きを仏に打ちまかせて仏によって裏うちされて、自受用三昧に端座するとき、全世界がみな仏の印づけとなり、虚空全体がことごとく悟りとなる。そのために、諸仏如来はいよいよ根本の仏法を享受し、仏堂の悟りが一段と荘厳（かざること）される。これに対して、十方世界（東西南北と四隅と上下を合わせて十方）の三途六道（三途は地獄・餓鬼・畜生。六道はそれに修羅・人間・天上を加える）に沈んでいる衆生は、みな同時に身も心も明らかで浄らかとなり解脱の大地を実証する。さらに、本来の自己の真実があらわになるとき、あらゆる存在は仏の悟りを会得し、弁物はいずれも仏身を使用して活動し、仏法を会得するという境地をもただちにとびこえて、菩提樹のもとに端座し、同時に比類のない大説法を行い、形を超えた究極の深い知恵を説き示すのである。（傍点部分を引用）

この化道のおよぶ處《ところ》の艸木《そうもく》土地、ともに大光明をはなち、深妙法を説くこと極まることなし、艸木牆壁《しょうへき》よく凡聖含霊のために宣揚し、凡聖含霊はかへって艸木牆壁のために演暢す。（高僧名著全集　第

五巻　P.24）（傍点部分を引用）

（訳）このような教化のおよぶところの草木や土地は、いずれも大光明を放って、極まることもなく深妙の法を説いている。草木や壁は、よく凡夫・聖者などの衆生のために説法し、また凡夫・聖者などの衆生は、逆に草木や壁のために説法する。（傍点部分を引用）

大師釈尊、まさしくこの妙術を正伝し、また三世の如来、ともに坐禅より得道せり、この故正門なることを相伝へたるなり。しかのみに非ず、西天東地の諸祖、みな坐禅より得道せるなり、ゆゑにいま正門を人天に示す。（高僧名著全集　第五巻　P.25）（傍点部分を引用）

（訳）大師釈尊は、仏道を体得するすぐれた方法、すなわち座禅を正伝し、三世（過去・現在・未来）の如来もまた、同様に座禅から仏道を得ている。それゆえに、座禅が正門であることを伝えているのである。そればかりでなく、インドや中国の諸祖たちも、みな座禅から仏道を得ている。そこでいま、座禅が正門であることを、人間界・天上界に示すのである。（傍点部分を引用）

一顆明珠《いっかみょうじゅ》

雪峰《せっぽう》に参ずるほかは、自余の知識をとぶらわざりけり。しかあれども、まさに師の法を嗣《し》するちから辨取《べんしゅ》せりき。つひに道を得てのち人にしめすに曰はく、『盡十方世界是一箇明珠』（高僧名著全集　第五巻　P.47）（傍点部分を引用）

（訳）（大宋国の福州、玄沙山《げんしゃさん》の宋一大師《そういったいし》は、）雪峰義存《せっぽうぎぞん》から指導を受けるほかは、他の禅師をたずねることはなかったが、ついに師の仏法をうけつぐ力量をそなえたのである。道を得てのち、人を教えるのに、「尽十方世界（世界はことごとく）これ一箇の明珠（あかるいたま）である」といった。（傍点部分を引用）

春充は、この「このような教化のおよぶところの草木や土地は、いずれも大光明を放って、極まることもなく深妙の法を説いている」と「尽十方世界（世界はことごとく）これ一箇の明珠（あかるいたま）である」の語が、自身の「天地の一切が光明に包まれる」体験と同様の境地を語っていると解釈した。

そして、その境地は決して病的な幻想などではないと分析している。

それは神経的疾患による幻想妄想ではなくして、かえって完全なる健康がもたらした生理的現象に他ならないのだ。つまり、健全なる天地の美を感得しないのは、一面その人自身が、完全な健康を持っておらぬということを、立証するものであることを知るのである。──（聖中心道　肥田式強健術）

不健全な幻想とは対極の、完全なる健康体が感知する世界が、光明につつまれた世界だというのである。

そしてその境地が、現出するメカニズムを次のように、解説している。

それは、中心において統一された力が、腰における仙骨神経叢《せんこつしんけいそう》より、脊髄神経を通じて大脳前頭葉の知能中枢に伝わり、判断、認識、思考の作用が停止され、それが最も自然な待機的白紙状態に置かれるからである。（聖中心道　肥田式強健術）

中心力↓仙骨神経叢↓脊髄神経↓大脳前頭葉　知能中枢と刺激が伝わり、頭脳は思考停止状態となり、待機的白紙状態となる。と、春充は分析している。そして、思考が停止し自我が消失した正にそこに、天地が輝く別世界が展開する。

つまりそこに、一切の苦楽、善悪、思考、観念を踏み破り去って、たちまち清明な別天地が展開されるのである。そして、時空を絶した、無限の大生命と相連なるに至るのである。（聖中心道　肥田式強健術）

初期の頃から、「観念と運動の分離」を要件として、追求してきた結果が身体の操作による、機械的「思考停止状態」であり、そこに「光明に包まれた世界」が展開する。それは仏教における涅槃境にも比することができる。この思考が停止した状態は、大脳皮質の前頭葉の思考作用が停止した状態であると春充は分析する。

また、この境地を春充の理解者の一人、二木謙三《ふたきけんぞう》は次のように分析する。

完全な健康状態において、始めて輝ける天地の実相を見得るのであって、大自然の本質は、光明に包まれているものであろう。また力が中心にまとまった場合、思考の作用が停止されるのは、全力が中心の一点に集中されてしまうからである。(聖中心道　肥田式強健術)

この、「天地が燦然と輝く」現象は、「足指の熱感」現象と同様「神経系統、神経伝達物質の変性」などで説明がつきそうであるが、この現象も最晩年の春充の能力を見る際に考察したい。なぜなら、先の「芳香」現象と同様晩年の能力と密接な関係があり、同時に考察した方が全体の構造がはっきりするからである。

それではここで一旦、これまで見てきた「正中心落節」の体験をまとめてみたい。「精神の中心」と「身体の中心」が、精神と肉体の連結点である肉体の重心「正中心」で合致すると、

・正中心に発生した、「中心力」が、脊髄神経を通って大脳前頭葉の思考中枢を機械的に停止し、思考停止状態、無念無想となる。

・思考停止状態は、呼吸がほとんどなくなり、自我が消失して、座禅の禅定と同様の境地となる。この境地は、言語化不能であるが、酒や薬物などを使用した恍惚感とは全く別の、理性が鮮明で明晰な状態である。これは、心身が完全に健康な状態でなければ生じない。そして、中心姿勢と座禅の姿勢は同様のものである。

・この時に、「円満無限の力」が生じる。その力は、厚い床板を足の形に軽く踏みぬく程強力なものである。

・正中心を体得すると、足先が焼けるように熱くなる。それは、小指から段々熱くなり、親指が最も熱く

感じる。しかし、手で触ると指先は冷たい。
・身体から気高い芳香を放つようになる。これは、第三者にも観察される客観的な事実である。
・肉体的な視力が良くなると同時に、心理的視力、心眼も発現し、人事の真相を見抜くようになる。
・中心力が生じて、思考停止状態になると、あたりの物すべてが燦然と輝き出して見える。

以上であるが、読者の中には、これまで合理的であった春充が、いきなりこのような脈絡の無い一種の神秘体験を語り始めたことに戸惑いを覚える方もいるかもしれない。この体験が、春充の幻覚などではないことは、本人が再三指摘している通りである。そして、その記述は非常に生々しいリアリティを持っており、春充自身もそれが何であるか始めは理解できず戸惑っている様子が垣間見える。また、その現象が先人の体験に見いだせないか探究している様も、自身に起きた現象をなんとか解明したいとの切実さが伝わり、むしろ春充の身体に起こった現象のリアルさ唐突さを際立たせている。これらの現象が、何を意味し、どのような理由で起こるのかは晩年の春充に起こるさらに別の「能力」を考察する際に様々な観点から追及していくこととして、ここでは「聖中心に落節」した際に、これまでとは全く違った体験をしたことを確認するに留めたい。

「聖中心」に落節した年の夏、春充は豊橋第十五師団勤務実習（予備役召集）に参加し、そこで難解の質問二百題を提出して教官を驚嘆させ、特別に二等主計に昇進している。また、この時「栄養問題」についての講話も行っている。

26　二等主計への昇進

大正十二年夏、豊橋第十五師団へ予備役三等主計が数十名召集されたが、私はその時、作戦、給養、会計経理、給与規則、平時編成、戦時編成に関する難解の質疑二百題を提出した。教官久保田《くぼた》一等主計は、そのために日曜も祭日も休むことが出来ず、ホコリだらけの行李《こうり》の中から、経理学校時代の筆記を捜すやら、師団司令部に聞きに行くやら、おかげで飛んだひどい目に会ったと愚痴されたが、召集期日三週間の中、学科の時間は大抵私の質問への回答で費やされた。しかもその五分の一は、解答不能であった。久保田主計も、有益な質問だと非常に喜ばれた。連隊長は、『現役将校でも、これ程熱心に研究している者はない。君だけは二等主計に昇進することになっている』と語られた。（聖中心道　肥田式強健術）

27 関東大震災

春充が、「正中心に落節」した大正十二（一九二三）年九月一日には、関東大震災が発生している。春充は震災発生当日、出雲の今市に滞在していた。新聞の号外で、関東地方の被害が大きいことを知ると、翌九月二日、晩の講演を終えてすぐに列車に飛び乗り伊豆を目指した。ところが、沼津まではたどり着くことができたが、その先は地震で列車が不通であった。そこで、特別の便宜を図ってもらい自動車に乗ってなんとか冷川までは行くことができた。冷川に到着したのは、すでに三日の夜十一時過ぎであった。余震はまだ何度もやってきて、倒壊した家屋のそばで震えている人々の姿が見える。聞けば、八幡野《やはたの》に通じる冷川峠は、大崩壊して通ることが出来ないという。それでも春充は雨が降り出す中、提灯と唐傘を買って、深夜の雨の中、独りで峠を目指した。

一寸先は見えぬ闇、渓流にそった小路をたどり静岡県植付の杉の密林に入った。風が一吹きすると、枝に溜った露は一時にドサドサと傘の上に落ちる。物凄い山の中で、私はむしろ一種の趣と楽しさを覚えた。

峠を上り切ってしばらく行くと、山の反面が雑木林もろともに谷底深く滑り落ちて、断崖はほとんど垂直をなしている。時々、ドロドロと土や石が転げ落ちる。一方はその崖、他方はまた谷、私はその崩れ際を這うようにして通過した。それでも、道のない渓谷のヤブをもぐって通る決心をしていた私にとっては、もっけの幸いだと感じられた。八幡野《やはたの》に着いたのは、夜中の二時過ぎであった。（山荘随筆）

春充が到着してみると、百坪におよぶ広大な平屋の屋根瓦はすべて崩れ落ち、相次ぐ余震に屋内の壁は、ほとんど剥がれ落ちていたという。

また、震災によって「強健術道場」が併設されていた、加藤時次郎《かとうときじろう》の「平民病院」（京橋区木挽町七丁目）も、二階が潰れる大打撃を受けるが、幸いなことに火災の被害は免れている。

28　次兄真永の死

「聖中心」に落節した翌年大正十三（一九二四）年、春充は、江田島海軍兵学校で、強健術の公演と指導を行い、戦艦日向《ひゅうが》の甲板にて海軍将校に公演、その後海軍幕僚にも公演を行っている。ここで、当時海軍兵学校教官、後に強健術指導主任となる安藤亀治朗《あんどうかめじろう》大尉や、当時、連合艦隊司令長官であり、後に侍従長、第四十二代内閣総理大臣を歴任する鈴木貫太郎《すずきかんたろう》（一八六七～一九四八）とも出会っている。

この年の八月、川合家の数少ない兄弟の一人、三男の真永《しんえい》（一八七五～一九二四）が台北において死去している。四十九才であった。彼は、東北学院において台湾語を学びその後台湾に渡り、当時台湾総督であった乃木稀助《のぎまれすけ》大将の知遇を得、台湾総督府に出仕するようになる。また、台湾語専門学校を創立し、雑誌『語苑』を発行。さらに、大正四年には『台湾笑話集』（台湾日日新報刊）を発行し台湾語の会話、文典などの著作も多数ある。そして、大正十二年四月に行われた摂政殿下（後の昭和天皇）の台湾行啓の際の通訳を行うなど、台湾語の先覚者であり第一人者であった。

真永の死因は喉頭癌であった。台湾行啓が死の前年四月であったから、その頃にはすでに癌に侵され病身をおしての通訳であったに違いない。若き真永が学問修行に出立する際父立玄《はるつね》は、「卑劣なことをすると打ち首になるぞ。ちゃんとした人間にならんと、この敷居は二度とまたがせないぞ」という厳しい言葉で送り出したと言う。病身ながら栄えある通訳の大役を果たし、喉頭癌に斃れた真永も、立玄《はるつね》の息子の一人として、勤勉であり優れた人物であった。

恐らく真永の葬儀に出席するためであろう。春充は、この頃台湾へ渡航している。その際、乗船していた蓬莱丸《ほうらいまる》の娯楽室で、船客が強健術の話しをしていたが、目前にいる春充がその著者と気付く者は一人もいなかったという。そして、台北の高等法学院において、法曹団のために講演を行っている。

左より真永、信水、春充（不二山荘蔵）

29　中心力雄弁法

この年大正十三年に、春充は、中心力を演説に応用することに気づいたという。中心力の演説への応用は、先にも「姿勢の調和」の解説の際に簡単に触れたが、春充が演説に心掛けてから、既に三十年がたっていた。この、演説への中心力の応用は、後に『中心力雄弁法』として発表される。

春充は幼少の頃、百姓の爺さんが二人もいれば、顔が真っ赤になって話も出来ない程であった。そして、学生時代に弁論大会に出たが兄信水《しんすい》が見ている前で、野次り倒されてしまったこともこれまでに見て来た。

その後大正九年頃に、春充の自宅の近く、日蓮上人が伊豆に流罪になった地として有名な連着寺《れんちゃくじ》近辺の鉱夫達に講演を頼まれたことがあった。最初は、鉱夫に話した経験もないので、躊躇していたが是非にというので、引き受けたという。そこの所長の談によれば、鉱夫達は一日の重労働の後に、ひと風呂浴びて、大抵晩酌をして来るから、あるいは不都合のことも起こらんとも限らぬが、どうか気にしないで話してもらいということであった。その所長が、講演に先立って春充を紹介したが、鉱夫らは、横を向いたり、喋ったりしてまるで所長の話など聞いていない。春充はこの様子を見て、成程これでは話も出来ないかもしれないと思ったという。

ところが、所長が話終わって、春充の所に来て「どうぞ――」と言うと同時に、春充は姿勢をきめて、すっくと立った。すると、場内はたちまち水を打ったように粛然と鎮まりかえった。

講演を行う春充（不二山荘蔵）

姿勢だ――姿勢だ――。春充はこの時はじめて古代ギリシアの雄弁家デモステネスの「雄弁の秘訣は姿勢！第二も姿勢！第三も姿勢！」という言葉の真意義を悟ったという。その時は壇上に上がるまで、何を話すべきかを考えてもいなかったし、原稿も持っていなかったが、終わりに至るまで鉱夫達はきわめて静粛に聞いていた。しかも話終わって、鉱夫達の間を分けて退場する際に、彼等は丁寧に頭を下げお礼を述べた。中には、涙さへ浮かべて頭を下げている者もいたという。

そして、この中心力を応用したこれまでの演説の記録を一冊にまとめた、『この大獅子吼を聴け』が尚文堂より大正十三年九月に刊行される。この書には、押川方義《おしかわまさよし》が序文をよせており、その序文の中で、春充の演説と強健術を絶賛している。また、「序」では、この本の編者が、春充の中心力を応用した演説スタイルを活写しており、興味深い。

多年強健術によって、練磨された堂々とした態度、聴衆を魅了する壮麗な姿勢、眼光、朗々四辺に響き渡る音声、柔剛を兼備した変化自在のジェスチュア、怒りを発して演壇を踏みつければ、肺肝はそのために砕かれ、時に悲憤の熱涙が下れば、満場あたかも電力に打たれたようであり、筆記者は心を奪われて、仰いで筆を動かすことが出来なかったこともしばしば。これ、先生の強烈純真なる中心生命よりほとばしり出る赤誠が、そうさせるものであり、筆記ではこの絶大至妙の力を、全く伝えることが出来ないのを遺憾とするものである。（この大獅子吼を聴け）

実はこの演説スタイルは、春充を賛している押川の演説の影響を多分に受けている。当時押川は雄弁家として有名であった。押川の雄弁について、春充は次のように語っている。

先生一たび演壇に立って獅子吼されると、それはあたかも噴火山の爆発したようであり、しかも言葉が、一たび日本帝国の現状に及ぶと、誠忠愛国の熱情がふつふつと溢れて、声とともに涙を流される。（この大獅子吼を聴け）

押川方義《おしかわまさよし》先生、顔を少し上に向けたり真正面に向けたりして演説されます。その態度は荘重にして、一部の隙もない。音声は朗々として、金玉《きんぎょく》を転ずるようであり、情が激すると、叱咤し声を励まし、演壇を踏みつけ、テーブルを拳固で打つ。かつて、仙台の東北学院で大演説を試みられた時、大喝壮語して、百雷が一時に落ちる様な声を放ったので、優しい、宗教に熱心な一学生は、ぶるぶるわなわなと四肢をふるわし、『先生は、第二のメシヤではおわさぬか。自分は、その前に出ると、体がふるえてならぬ』と言ったそうです。（体格改造法）

春充と同様、激情の迸りと同時に演壇を踏み付け、テーブルを拳で叩き、大喝し、聴衆は一気にその演説に飲まれてしまう様子が見てとれる。この押川の雄弁について大隈重信は、

押川は天下第一の英弁で、我輩のような者は遠くおよばない。島田三郎、尾崎行雄（両名とも大隈重信と共に、立憲改進党を設立　著者注）も彼に比べれば物の数ではない。（この大獅子吼を聴け）

と、激賞している。その押川が「火のような大雄弁、手足すべて声となり、文武の両道が遺憾なく発露しておった」と、認めたのが「中心力」を応用した春充の演説であった。

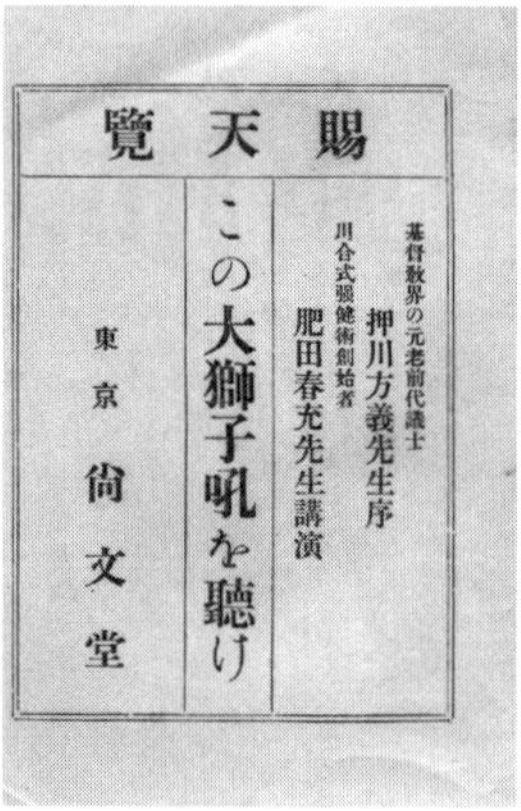

この大獅子吼を聴け（中扉）

30 村民との対立

当時、春充は対島村《つしまむら》八幡野《やはたの》の道路問題について多くの村人と対立し、孤立していた。事の発端は、対馬村を貫く県道計画が持ち上がったことである。現在、八幡野付近には伊豆急行線が通り、それにほぼ平行して東伊豆道路とも呼ばれる国道一三五号線が通じているが当時は未開通であった。

当時、鉄道は予定路線の測量も何度か行われ対馬村の内陸側、現在の伊豆急行の通っている地点を通すことがほぼ決まっていたが、財政難で工事が延期されていた。そこに、県道を通すことになったのである。静岡県土木課は、経費がかからない内陸部を通る路線を提案したのに対し、春充は、対島村内の岡《おか》、富戸《ふと》、赤沢《あかさわ》、池《いけ》の四区域を結び、景勝地である海岸線を通る路線を主張した。この路線は、さらに各区域の学校を統一できるという利便性もあった。また、県土木課が主張する路線にすれば、肥田家の土地を通ることになり、春充にとっては利益になることであったが、春充にはそのような利害は眼中に無く、ただ地域の発展、福利を第一に考えての提案であった。この提案を春充は、大正十四年五月に八幡野小学校に村民が集合している中で発表した。その時は、春充の主張が正論であり、また村民、有力者各人それぞれの思惑、利害があったので表立った反対はなかった。そして村会は、春充の主張する海岸を通る路線でなければ地元負担金を出さないとの決議をしたのである。

ところがこの意見に反対する村民が、春充の意見に賛成した村長、村会議員、区長、区評議員らとその家族を、家に押し掛けるなどの暴力をもって脅迫し意見を翻させた。しかし意見の発案者春充にはその腕力を恐れ、陰で悪口、雑言を言うのみで、直接談判に来るものはいなかった。このように、村全体が春充に反対する逆境に追い込まれたが、春充の心中はいつも穏やかであったという。当時の心境を春充は、次のように綴っている。

協議会へ出る前、ただ数回、強大な中心力を練って無念無想の胸懐となり、平然としてこれに臨むことであった。交渉が行き悩んで、ちょうど、鉄壁と鉄壁と、ぶつかり合った様になった時、しばしば決裂が差し迫り、策の施しようが無くなった様になった時、交渉者は、血の汗を絞りつくして顔色蒼白となった時、私はひるがえって独りひそかに、自己安住の中心世界に、外物不可侵、春月悠々の聖境を楽しむことが出来た。―平心は最上の武器である。（実験　根本的健脳法）

今また大勢役場へ押しかけて怒号していると聞いた私は、自ら公論によって終始したと言えども、自分が意見を発表したことによって、このように迷惑を他におよぼすことの責任を思い、私は独り薄暗い三畳の書斎に退き、机に向かっておごそかに姿勢を正して座った。
そうして、何心なくキチッと正中心を整えた所が…何事ぞ…身辺に寄り集まった、非難、攻撃、罵詈、誹謗の声、怒りの顔、鉄拳、鍬《くわ》、鎌《かま》、鉈《なた》、竹槍の影は、一塵の清風に吹き払われたチリとホコリのように足下に飛散し去り、『月すみて、谷にぞ雲は沈むめる。嶺ふき払う風にしかれて』（嶺々を吹き払う風によって、おおっていた雲は谷に沈み、月は澄み渡っている）の、別天地が現出した。と、同時に陰気な湿っぽい三畳の一室は、さんぜんとして、光輝いた。『すべての疲れた者、重荷を負う者は、私のもとに来なさい。私があなたがたを休ませてあげよう』（マタイによる福音書十一章二十八節からの引用）力の国は内に在る。禅に言う安楽の法門は、我が正中心に在る。
この身はあたかも、明朗なダイヤモンドの塔の、神聖不可侵な中に安住する清快さを覚えた。（中略）私は、正中心の姿勢を以て随時、随所、いつでも機械的に精神を支配し、瞬時にして、光り輝く清らかな清明界を開き得るものであることを、一層明らかに体得することが出来た。（聖中心道　肥田式強健術）

このように村全体と対立する逆境が、春充の心境をさらに推し進めることになったのである。しかし、春充の意見に反対する内陸部の地区の人々は、地元負担金の一部を現金で県土木課へ渡し、工事の断行を願い出た。この申し出を渡りに船とばかり県土木課は、早速山や森林を切り開き、道幅を定める杭まで打ってしまった。

この時道路予定区画延長上に家を新築しようと考えていたGという人物がいた。彼は、県職員からも村人からも新築を止めるよう警告され、困惑した挙句春充に相談する。

Gは私に尋ねた、「材料は買ってしまったのに、どうしたら良いでしょう」と。私は言下に答えた、「大丈夫、路線は来ない。すぐに建てて、かまわない」と。彼はただちに建築にかかって、県道路線の幅を標識した焼杭と真正面に向かい合って、立派な二階建の家を新築してしまった。これを見た区民は、「飛んでもないことをさせて、今に間もなく、立ち退きを命じられるのに、移転料は貰えないし、その時の肥田の顔が見物だなあ」と、口々に言いののしったそうである。（聖中心道　肥田式強健術）

しかし、県道は春充の言った通り来なかった。予定区域よりずっと南を通る位置に変更されたのである。このことについて、春充は、「かなり大きな問題の推移についても、虚無の中心をもって、観察を下すのに多くは的中してほとんど誤ることはない」と説明している。結局、県道は春充の主張する海岸線を通ることはなかったが、始めの予定を大きく変更したコースを通ることとなった。この間、春充は正論を主張して一歩も譲らなかったが、反対する村民を憎むことはなかった。この時の気持ちを春充は次のように振り返る。

区民は、かつて二、三人の道理の通じない者達に扇動されて、こぞって長い期間私に反抗したものであるが、皆な質朴で純良、野に田に畑にただ一心に労働従事している天真の民である。私に対して公然と極力反対した首謀者達も、みんな純良な人間ばかりだ。ただ知能、見識が足らないために、眼前のことしか解らなかったからである。だから私は、彼らを見ても少しの嫌な感じも起したことはなかった。心中常に、微笑をもって彼らを眺めたのであった。（聖中心道　肥田式強健術）

『伊東市史　資料編　近現代Ⅱ』（平成二十八年　伊東市発行）によれば、春充の主張した路線に賛成する人々は翌昭和元年五月に、村会議名で県知事宛てに意見書を提出している。また、春充の主張する路線の恩恵を被る地域もこの路線を支持し、県への働きかけを戦前から戦中にかけて何度か行っている。このような紆余曲折を経て春充の主張した路線は、現在の県道伊東・川奈・八幡野線として昭和三十六年に開通することになる。

31　『二分三十秒の運動で健康の中心を強くする法』、『川合式強健術』の出版

村民との対立のあった大正十四（一九二五）年の十月に春充は、『二分三十秒の運動で健康の中心を強くする法』および『川合式強健術』の二冊を尚文堂より発行する。この二冊は、「聖中心」に落節してから初めての著作であり、その観点から、これまでの著作で解説された強健術の方法を、大きく改訂している点が注目される。以下にその主な点を考察していきたい。

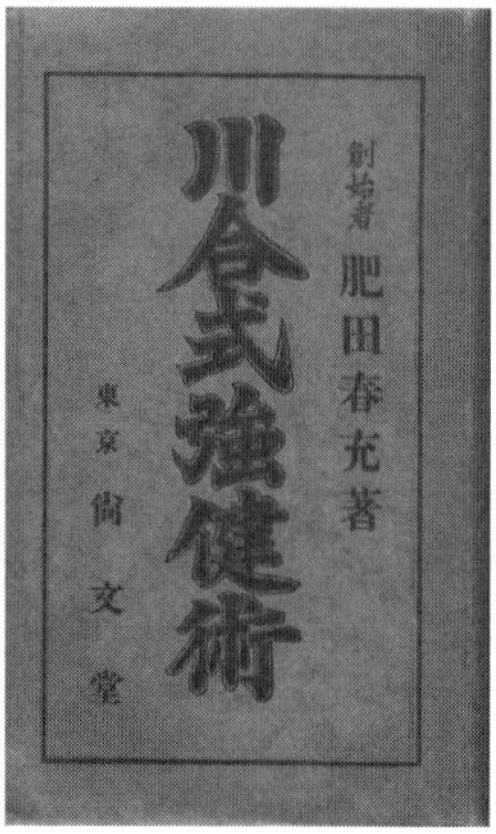

川合式強健術（表紙）

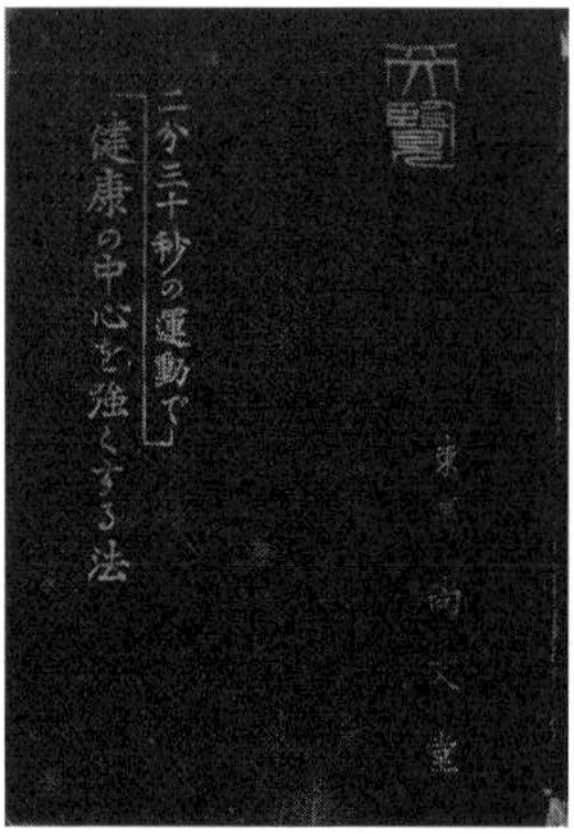

健康の中心を強くする方（表紙）

大きな相違点は、それまで「腹力」であったものが、完全に「中心力」に発展、昇華された点である。これまでは、「中心力」という言葉も使用されてはいたが、腰を丸くして腹に力を入れる「腹力」と混在した使用法であった。特に、いわゆる「やわらかい方法」である「簡易強健術」においてはそれが顕著であった。先に見たように、「聖中心」に落節する前に行っていた型は、この「腰を丸く」する方法であり、「聖中心」落節した瞬間の型は、「腰をそった」、「腰腹同量」の力が「中

心」に集中する型であった。この違いを具体的に見ていきたい。
まず、「腹力」の段階である解説は次のようなものである。

もっと解かりやすく具体的にいうと、気海丹田に力を込める事である。さらに生理上から極めて平易にいうと、私が時々繰り返した所の『下腹部の緊張』ということになる。解剖学的にいえば『腹直筋の緊張』である。つまり横隔膜の操練によって、腹部諸機関を圧下すると共に、下腹筋肉を緊張させて、臍の下約四・五センチの所に力を込めるのである。下腹部の緊張は『気合』の全体ではない。けれどもその最大要件である。その根底である。しかもこれを体育に応用し来た場合、私は飽くまでも科学的に、『腹直筋の緊張』をもって充分だとするのである。（心身強健術）

この解説は、第三作目の著書『心身強健術』と第五作目の著書『体格改造法』に出てくる解説である。実は、この二つの著作と今回出版された『川合式強健術』は題名は違うが、増補改訂版といってもよい関係がある。『心身強健術』を出版した後、新たな強健術の進展があったので、『心身強健術』をほぼそのままベースとしてそこに加筆、訂正して出来あがった著作が『体格改造法』であり、さらにそれを下敷きに「聖中心」に落節した後に書かれたのが『川合式強健術』という関係がある。よってこの三著はほぼ同文の部分が多く、それだけに、相違した部分を比較すると強健術の変化が、一目瞭然となる。

それでは次に、先程の文が「聖中心」に落節した後、『川合式強健術』においてどのように書かれているかを見てきたい。

解りやすくいうと、腰を据えて気海丹田に力を込めることである。さらに生理上から、平易にいうと『腹と腰との力』であり、解剖学的にいえば『腹直筋の緊張、―および、椎骨と仙骨との接合点の反折』である。つまり横隔膜の操練によって、腹部諸機関を圧下すると共に、下腹筋肉を緊張させ、腰を落として臍の下約四・五センチの所に、自ら力が入るようにするのである。これだけでは、いまだ『気合』の全体ではない。けれども、その最大条件であり、また其の根底となるものである。これを体育上に応用し来たった場合、私は飽くまでも科学的に、『中心力』の三字をもって充分だとするのである。

（川合式強健術）

傍点を施した部分が、追加または変更された部分である。「腰を据え」という言葉が新たに書き足され、「下腹部の緊張」が「腹と腰との力」となり、「腹直筋の緊張」に「―および、椎骨と仙骨との接合点の反折」という言葉が追加され、「腹直筋の緊張」が「中心力」に変更されている。

この変化を見れば、「腹力」と「中心力」との違いは、一目瞭然である。腹だけに力を込めるのではなく、腰（椎骨と仙骨の接合点）にも力を入れて反ることが、「腹力」が進化した「中心力」の大きな要件なのである。

この腰を反る点は、「中心」を始めて幾何学的に解説した『強い身体を造る法』（大正五年）においてすでに指摘されているのではあるが、その頃は、腰を反ることが不徹底であり、『強い身体を造る法』に初めて発表されたいわゆる「軟らかいやり方の強健術」（簡易強健術）では、「腹」だけに力を入れるため、腰を丸くしてしまっているのである。この強健術を、後に春充は邪道に陥ったと評価している。

32　それまでの強健術の誤り

その誤りを春充は、次のように振り返る。

私が一人ひそかに、無言の鍛錬をしておった時には、その誤りに落ちなかった。だから明治三十三年より始めて十有二年の鍛錬と、その方法とを記述した明治四十四年四月二十日発行の『実験　簡易強健術』。および大正三年三月十五日発行の『心身強健術』に掲げてある運動姿勢には腹の形を円くしたものはさらに無い。けれども大正三年、四年、公開道場において、指導教授しているうちに、私は知らず知らずに邪道に入った。邪道とは、余りにひどい言い方であるけれども、今日からみればそう言うより他ないのだ。であるから大正五年七月二十七日発行の『強い身体を造る法』。大正七年発効の『体格改造法』中にある運動姿勢では、腹の形が円くなっている。（聖中心道　肥田式強健術）

加藤時次郎《かとうときじろう》の平民病院に開設された、「強健術道場」で指導している中、「腰を丸くし、腹を丸くする方法」に陥ってしまったというのである。それでは、どのような理由で、そのような方法を行うようになってしまったのであろうか。

それならばお前はどうして、そんな過ちに落ちたのか。卑しむべきかな。私は、原則に捉われたのだ。私は、理論の世界に迷ったのだ。正直に自白する。それも、なまじっか人に教えたからだ。人に教えるのには、理論を上手に並べたり、対照を綺麗にこしらえたりしたくなるものだ。全く健気な捨て身の覚悟をもって、向上の一路に邁進奮闘した私も、人に教えるにいたって、いつか知らず純心無雑の本我を迷い出て、そんな細工をした道をウロついたとは、何たるたわけたことであったか。（聖中心道　肥田式強健術）

「強健術道場」で人に教えるため、強健術を理論化したのが原因であるという。その理論化とはどのようなものであったのか。春充は、古人の「腹に力を入れる方法」を参照していた。


『妄想の効果が積もれば、一身の元気いつしか腰脚足心の間に充満して、臍の下がヒョウタンのようなのは、まるでいまだ篠打ちしていない鞠《まり》のようである』

『臍腹《せいふく》ヒョウタンのようでもあり、また鞠のようでもある』

最初は解剖生理学に基づいて組織した方法を、日本武道の精髄たる腹力を持って実行してやろうと、簡単に考え簡単にやっておったのであるが、以上の字句を読むに至って、私は腹力を充分に造った場合における腹の形は、円形だなと思った。（聖中心道　肥田式強健術）

春充が引用している文は、白隠禅師《はくいんぜんじ》の『夜船閑話《やせんかんな》』に出てくる文章である。そこに「臍の下がヒョウタンのようなのは、まるでいまだ篠打ちのされていない鞠のようである」とか、「腹は、ヒョウタンのようでもあり、鞠のようでもある」と記述されている文を見て、腹に力をいれた時は、「腹を丸く」すると考えたというのである。次に、春充は、平野元良《ひらのげんりょう》（櫻寧室主人《おうねいしつしゅじん》　一七九〇～一八六七）著『養生訣《ようじょうけつ》』の文章を引用する。

『布をもって胸の下、腹の上を緊縛して、臍下へ気息を、充実させるのである。これを行うには、体を軟らかくし、肩を垂れて背を屈め、すべて胸、腹、肩、尻を虚に（脱力）して、ただ臍の下に気息を充実するなり』

『顔を伏せての、臍を覗くようにし、鼻の頭と臍とを相対するようにする』

と、腹の形を円くする方法を読むにおよんで、その観念は益々強くなった。（聖中心道　肥田式強健術）

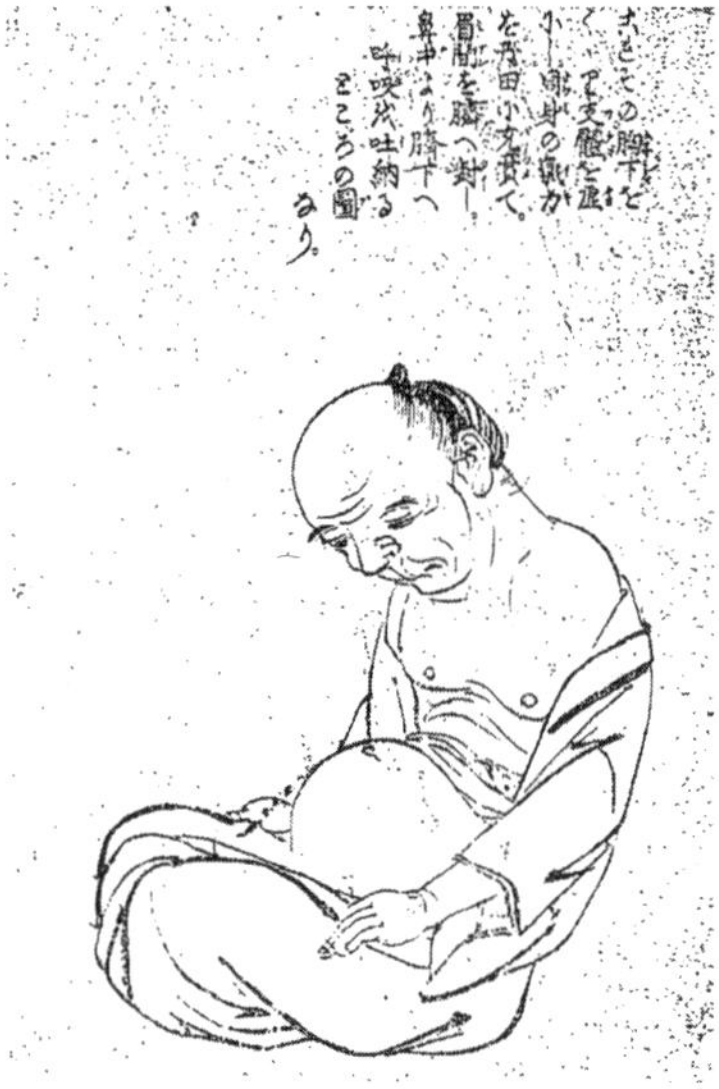

養生訣の挿絵

”これその胸下をくくり支体を虚にし周身の気力を丹田に張り充実て眉間を臍に対し鼻中より臍下へ呼吸を吐納るところの図なり。”との解説がつけられている。

（出典：先哲呼吸強健術）

ここでは、さらに具体的に「肩を垂れて、背をかがめ、胸、腹、肩、尻、を軟らかにして、ただ、ヘソ下に気息を充実させる」とか、「顔を伏せて、ヘソをのぞくようにして、鼻の頭と、ヘソが相対するようにする」と書かれている。こうして、春充は、背をかがめ、腰を丸くし、腹に力を入れて丸くする方法を強健術に取り入れたのである。

また、当時、藤田霊斎《ふじたれいさい》の「調和道呼吸法」、岡田虎二郎《おかだとらじろう》の「岡田式静座法」を始めとして、様々な呼吸法が、腰を丸くし腹に力を込める方法を採用していたことが影響した可能性も考えられる。特に藤田霊斎は、道会の松村介石《まつむらかいせき》がその存在を見出し、世に紹介した経緯があり、兄信水《しんすい》が呼吸法を師事していたこともあって、春充もよく知っていた。春充は、藤田の会合に出席し講演もしたこともあった。

春充は、この古人の言葉から、さらに生理的な考察をすすめてみた。

反対に、自己の練修法を一貫する要領について考察してみると。

『腹の形を円くすると、鳩尾《みぞおち》の所はへこむ。
鳩尾をへこますと、肩は前へ出て、胸郭は縮まる。
胸郭が縮まれば、肺は収縮する。
肺が収縮すれば、息は吐き出した方が自然である。
息を吐き出して、胸を屈《かが》めれば、腰は自然に湾曲する。
腰が湾曲すれば、膝は折れる。
膝が折れれば重心は自然に、踵に落ちる。
姿勢は短縮する。（聖中心道　肥田式強健術）

このように、息を吐き出す際の姿勢は、肺を収縮させる必要性から、胸を縮め、鳩尾《みぞおち》の部分をへこませ、腰を丸くして、腹を丸くするとした。この形は、古人の説と一致する。

次に、息を吸い込む時はどうなるか。


息を吐いて腹の形を円くしたから、次に来るべき動作は、息を吸い込むことでなければならぬ。

息を吸い込めば、肺は膨張する。

肺が膨張すれば、胸郭は拡張する。

胸郭が拡張すれば、鳩尾は伸びる。

鳩尾が伸びれば、腹はへこむ。

胸を開いて、息を吸い込めば、腰は自然に反る。

腰を反れば膝は伸びる。

膝が伸びれば重心は、自然に爪先に落ちる。

姿勢は伸長する。（聖中心道　肥田式強健術）

このように、姿勢を伸ばして、胸を開いて息を吸い込むのが、合理的であると考えた。先程の、腹と腰を丸くする姿勢とは、対称的な姿勢である。息を吸い込む時と、吐き出す時の姿勢が対照的に美しく理論化されていることを、春充は先程の言葉の中で「人に教えるのには、理論を上手に並べたり、対照を綺麗に拵えたりしたくなるものだ。」と述べたのである。

こうして古人の言葉と生理学的な考察という二つの理論から、『強い身体を造る法』以降の強健術は、息を吸い込む際は、姿勢を伸ばし、息を吐き腹に力を入れる際には、腰を丸くして姿勢を縮める方法を採用したのである。そして春充は、この理論的考察は、解剖学的、生理学的見地からみて、間違ったものではないと言う。しかし、実践してみると様々な違和感が生じた。

だが、どうもやっているうちに変だ。姿勢が崩れやすい。急激な力強い動作が、出来ない。立ったり座ったりしたままで、極度の力を入れようとすると、腰の骨が折れそうな感じがして、一定限度以上はどうしても力が入らない。椅子運動の腹部練修などでも、そのやり方でやれば、自分で自分の腰骨を折りそうな感じさえした。それであるから、気合応用の激しい型では、その姿勢—すなわち腹の形を円くする姿勢などはとりたくてっもとれないのだ。強いてやろうとすると、鮮やかな見事な充分に力のこもった練修は、出来なくなる。

（聖中心道　肥田式強健術）

春充は、理論的には間違ってはいないと考えたので、この違和感のある型を、無理に続けていた。ここにも、述べられているように、椅子運動法で腰を丸くした型をやると、姿勢が崩れ、腰の骨を折りそうな感じがす

腰を丸めた椅子運動法（出典：体格改造法）

る。具体的には、「（椅子運動法の）腹の運動（「五　腹と呼吸の調節運動」と名付けられている）の場合、息を吐き出して、腹へ力を入れる時、椅子の板を両手でつかんで、グイと持ち上げるようにし、そうして腹筋の緊張を助ける動作をひどくやると、腰の骨はまるで折れそうな感じがする」と言うのである。気合応用強健術では、腰を丸くする方法はやりたくても、出来なかった。そこで、『強い身体を造る法』以降の、「簡易強健術」だけにこの原則をあてはめ、腰を丸くする型に固執していた。こうして春充は、約九年間もの間、腰を丸くする型と、反る型の両方を混在させて行っていた。その型が打ち破られたのが、「聖中心」に落節した瞬間だったのである。

誤った型でも、それなりに「腹力」を練り、健康を増進することは出来たという。しかし、誤った型は次のような点が、不自然であり、違和感があり、正しい型に劣ると主張する。

だが別個の見地に立って大所高所から達観すると、まずその出発点において根本の誤りがある。それは、何か!?

第一、それは姿勢が崩れたり、固くなったりする。

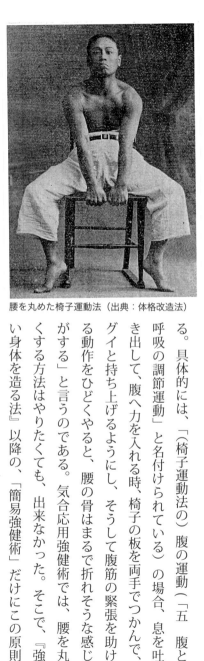

第二、内臓諸器官が、不自然な圧迫を受ける。
第三、これが最も重要な問題であって、腰を曲げることによって、仙骨神経叢から脊髄神経を通過して、脳神経におよぼす霊妙無限の作用が全く遮断されてしまうことである。（聖中心道　肥田式強健術）

春充は、腰を丸くする型と、腰を反る型の二つを経験することにより、両者の間には比較にならない差があることを、明確に体験することが出来たという。上記の第一に挙げられている点は、先にも触れた通り、椅子運動法などにおいて、腰の骨が折れそうな感じがするなどの違和感を差す。

第二の点は、「私の内臓器官、そのものが、窮屈不自然な圧迫に堪えられず、反発する生理的自然の叫びである」と春充が述べているように、生理的に身体がその状態を受けつけないのである。このことについて、春充は、別の箇所で、次のような指摘もしている。

横隔膜は、下げた方が力は入れやすい。しかしそれでは腹部器官に、無理な圧迫を加えて面白くない。横隔膜は下げずに、そのままの位置で大緊張をさせると言うのが、腰腹同量の正中心力による要訣である。これが体得できねば、力の神秘は、遂に不可解に終わってしまうであろう。（聖中心道　肥田式強健術）

この語は、「横隔膜は下げずに、そのままの位置で、大緊張させる」という言葉が誤解を生み、文字通りに解釈されて解剖学的に不可能な、「横隔膜をその場で、大緊張させる」ことが、強健術の秘訣のような言われ方をされてきた。しかし、「横隔膜を下げる」→「腹部器官に無理な圧迫を加えて面白くない」という意味は、これまでの考察から明らかであるように、「腰を丸くし、上半身をかがめ落とし、横隔膜を緊張させる」→「内臓諸器官が不自然な圧迫を受ける」ということである。事実、春充はこのことを次のような言葉でも解説している。

正しき姿勢とは、息を吸った時でも、腰と腹とは正しく据え、下体も上体も真直ぐに垂直にして、ただ胸を軟らかに横に開いて、首を仰ぐのである。息を吐き出した時には、両膝をやや折って、下脚を地平面に垂直にし、上体は軟らかに、真直ぐに、そのまま下りる。胸、肩、腕に力を入れない。また両膝が前へ出ないようにする。
ことに腰を崩さない。するといわゆる下腹丹田に、円満至妙の緊張が自然に起こって来る。『ポカッ』とひとりでに出来る。横から見ても前から見ても、体は真直でなければならない。

（聖中心道　肥田式強健術）

この文の「「上体は軟らかに、真直ぐに、そのまま下りる」という言葉が、先の文の「横隔膜は下げずに」という言葉に相当する。春充が強調するのは、この姿勢であり、「聖中心」に落節したのも、この姿勢である。これに反し、不正な姿勢は、腰を丸くし、胸と肩を丸く落とし、腹を丸くする姿勢である。この姿勢の、欠点の一つは、姿勢が崩れ、「内臓を圧迫」することである。理屈では、肺は収縮して体を曲げ落とすので、横隔膜は落としやすい。しかし、春充の身体はこの姿勢を否定した。健康となり、健全な感性を備えた身体は、この姿勢に違和感を覚え、拒絶したのである。

中央右、腰を丸めた強健術を指導する春充（出典：体格改造法）

そして、第三の点が最も重要である。これが、春充が「聖中心」に落節した最大の理由であり、結果なのである。「聖中心」に落節した刹那、「思考停止状態」が機械的に現出し、外界が輝いて見える、芳香が身体より発する、床板を足型に踏み抜く怪力が現出するなどの驚くべき現象を引き起こした原因は、この姿勢が中枢神経に影響を及ぼし、脳の思考作用を停止させるためだと春充は考察する。そして、腰を丸くし腹力を造る姿勢は、この作用を無効にしてしまうのである。

33　『実験　根本的健脳法』

『川合式強健術』と『健康の中心を強くする法』が出版された年に大正は終わる。そして、翌昭和元年の七月より春充は、新著『実験　根本的健脳法』の執筆に取りかかる。この書の執筆について、春充は次のように述べている。

> さきに、この書出版の予告を出して筆を執り初めたが、途中考える所があって止めることとし、出来た原稿はことごとく破棄してしまった。しかし、予告を見た読者で、書店に向かってその出版期日をたずね、もしくは直接私のもとに書簡を寄せて、その発刊を促すものが非常に多い。七月三日よりあわただしく筆を握り、閑を惜しんで昼夜兼行、急速に書きなぐることにした。（実験　根本的健脳法）

実験　根本的健脳法　扉

一旦執筆を思いとどまった理由は、明らかではない。しかし、出版を促した熱心な読者達のお蔭で、幸いにも、我々はこの書に接することができる。この書は、題名より連想されるいわゆる「記憶術のノウハウ書」の類ではない。春充が、虚弱、鈍根から脱出した経緯、そしてその結果手にしたものは、身体の健康ばかりではなく、図らずも頭脳の明晰であったことを思い起せば、ここに書かれていることはただの記憶術以上のものであることは予想がつく。それは、春充自身が、その「序」で述べているところでもある。

ここに説く『健脳法』というのは、その実験に基づいて、生理的、心理的に脳神経を健全にするのに、最も簡易な、最も有効な、そして最も根本的な、最も合理的な方法であると、私の確信するものを率直に披瀝したのに過ぎない。何の珍しいこともない。極めて自然な、極めて平凡な真理である。

私は今日までにかなり多くの著書を出しているが、ただその方面が違うだけであって、根底はいつも同じことを、言っているのに過ぎない。『心身共に正しき中心を得よ。自然に近き食物を摂《と》れ。天地に親しめ』ただそれだけである。その他は、自然をして、自然ならしめよ。根本を治めれば、末は自然に整う。

（実験　根本的健脳法）

ここに健脳法のすべてが、語り尽くされている。つまり心身の健康法と脳の健康法は原理的に同様のものであり、その根本原則は「強健術」の原則「中心」を鍛錬すること、そして「天真療法」の原則「自然に近い食物、自然に親しむ」ことであり、基本的に「健脳」のために特別な方法があるわけではなく、「強健術」および「天真療法」の延長線に過ぎないのである。さらに春充は、「聖中心」に落節した際に経験した、「思考停止状態」についても触れている。

肉体方面から、脳を強健にする方法を述べるとともに、機械的に、自然に無念無想となり、頭脳精神が平静となる所の『正しき中心力』について力説したのである。（実験　根本的健脳法）

この文は、機械的に思考停止状態になったことを、その経験の後に初めて記したものである。つまり、この書では、「中心」を鍛えることにより、身体、頭脳を強健にするばかりではなく、機械的に精神を支配して「思考停止状態」にすることをも、考察しているのである。その代表的な言葉を次に挙げたい。

それにはまず、自己の中心と頭脳とを一致させなければならない。分かりやすく言えば、中心を練って、頭脳を清明、虚無、純一無雑、大円鏡智《だいえんきょうち》の域に置くことである。中心を練るという極致は、腰腹同量《ようふくどうりょう》の力を得ることにある。腰腹同量の力を造るのには、腰を反って、人体の物理重心を、支撑底面《ししょうていめん》の中央に落ちる姿勢をとるのである。そうすれば、人事の万般は、ことごとくこの中心に収まる。収まって、そして空に帰す。空に帰して、無き所に、整然として存し、『風雲消え去って、春日輝々、一水の溶々たる処、鳥は歌い、花は笑う』（風と雲は消え去って、春の日は暖かく輝き、水は豊かに流れる所、鳥は歌い花は笑う）（実験　根本的健脳法）

また、この「中心」に力の入る姿勢は、座禅の姿勢とも同様であるという。もちろんこれは、「聖中心」

に落節した際、座禅を組みその境地が、「聖中心」落節と同様であることを自ら体験したことから来ている。

座禅の座法を研究して、その型の真要領が、私の中心鍛練法とピタリと一致しているのに、愕然として讃嘆の情に打たれたことがある。座禅をしても、腰と腹とへ等分の力が、自然に入るように座るのでなければ、精神の統一は容易に出来るものではない。(実験　根本的健脳法)

春充が、某寺院で強健術の実演を行った際、そこに集まっていた老僧達は、口々に「強健術は禅の妙諦と全く合致している」と言ったという。

そして春充は、これらの経験より更に研究を深め、座禅の座法の欠点についても明らかにし、それをこの書に初めて発表した。

座蓐《ざしょく》すなわち、座禅の時、尻の下へ小座布団を敷けば、極めて楽に座ることが出来るけれども、布団なんか用いずに樹下石上に露座する方が、大いに定力《じょうりき》が練られる。そうしてその方が、腰と腹とへは強い力が入って来て自然に確り座ることが出来る。細工することは、よろしくない。やはり、体一つそのままで道具なんか使わずに、正しい姿勢を作った方が良い。(実験　根本的健脳法)

大変興味深いことに、まず春充は、伝統的に座禅で用いられる、座布《ざふ》（座蓐《ざじょく》）を否定している。その理由の一つは、春充の実感である。座布を用いるよりも、樹下石上にそのまま座る方が、中心力が確りと出来上がるのである。そして、もう一点は、強健術の要件の一つでもある、「道具を用いない」ことである。座布を春充は、細工、道具と見る。そして、そのような物を使わずに行うことが、理想であるとしたのである。

同様の、考え方は「座禅帯《ざぜんたい》」の否定にもつながる。「坐禅帯」とは、坐禅をする際に腹に力を入れやすくするため鳩尾《みぞおち》のあたりを絞める帯のことである。この坐禅帯について解説した平野元良《ひらのげんりょう》（櫻寧室主人《おうねいしつしゅじん》）著『養生訣《ようじょうけつ》』では、「布をもって胸の下、腹の上を堅く縛って、臍の下へ氣息《いき》を充実《はりつめ》させるのである」と解説し、その布を「木綿の長さは、約一八〇センチから約一九〇センチくらい。その物を四つにたたんで、左右肋骨の下あたりに二重にまといくくり、そして力を極めて臍下へ大気を張り詰める」とある。

座全帯を用いた図
（出典：心身調和長寿法）

つまり、腹式呼吸で下腹部に力を入れようとすると大抵の人は、横隔膜が柔軟になっていないのでみぞおちあたりが緊張して、下腹に中々力が入らない。そこで、みぞおち辺りを二メートル弱の帯でしばり、身体を前方に曲げ腹を突き出した姿をすることにより、みぞおちが緊張しないようにして下腹に力を入れやすくしたのである。（図参照）この坐禅帯を使用する方法について春充は次のように批判する。

座禅帯を用いての方法は、腹へは力を入れることは出来るけれども、姿勢がくずれて、腰腹同量の力は生じない。したがって真の精神統一は困難である。正しい姿勢をとっての座禅ならば、腰腹等分の力が出来て、鳩尾《みぞおち》の所はまっすぐであって、帯なんかでくる必要は無い。のみならず、そんなことは、不自然であるから、かえって窮屈である。（実験　根本的健脳法）

ここで、「座禅帯」を否定する理由は、姿勢が崩れ中心力が生じないことであり、春充が強く否定する腰を丸くする姿勢を作り出すものだからである。わざわざ、道具を用いて不自然な結果を招いていると見るのである

また、禅の妙諦と正中心鍛練の共通性が見出されるとほぼ同時に、春充の強健術もその様相を大きく変化させていく。『実験　根本的健脳法』の前に出版された『川合式強健術』には、聖中心落節の成果を取り入れた、「気合応用強健術」、「簡易強健術」、「椅子運動法」などが解説されているが、ほぼ同時に出版された『健康の中心を強くする法』では、「二分三十秒の新運動法」として、「中心力養成法　上体」、「中心力養生法　下体」、「中心力養生法　中体」の三法が解説されている。これらの方法は、すでに「聖中心」に落節した頃に書かれた、『独特なる胃腸の健康法』に発表されていたものであるが、そこでは簡潔にやり方を記していただけであり、その他の胃腸を強健にする運動法などと同列に紹介されていた。しかし、『実験　根本的健脳法』

においては、「中心力養成法」の「下体」と「上体」のみが紹介されている。さらにそこでは、「下体」の型一つで、健康と健脳の目的は充分達することができるが、補助として「上体」の型も行えば、その効果が顕著であると解説している。そして、最近の二、三年は、この二法のみを行い、その時間はわずか五十秒となったという。ここに至って、春充が強健を目指して立てた所期の要求、時間をかけないこと、道具を要しないことなどがほぼ完全に達成されたことになる。こうして、強健術は、あらゆるものをそぎ落とされ、究極的にシンプルに、端的に正中心を鍛練する運動法に大きく進化、変貌したのである。

34　中井猛之進と天然記念物リュウビンタイ

『根本的健脳法』が出版された昭和二年四月の半ば、春充の元を植物学者である中井猛之進《なかいたけのしん》（一八八二〜一九五二）が訪れている。中井は、東京大学教授、小石川植物園長、ボゴール植物園長、国立科学博物館長を歴任にした植物分類学者であり、当時は東京帝大の教授であった。その東京帝大植物学科に、春充の親戚にあたる肥田達太郎《ひだたつたろう》（一九〇六〜一九三八）が入学し中井と知遇を得る。当時中井は、隠花植物とりわけ羊歯《しだ》類の研究や採集に力を入れていた。これを聞いた達太郎が、伊豆八幡野《やはたの》に珍しい羊歯植物があるというので、それを確認に中井は達太郎ら学生数人と八幡野を訪れたのである。

春充（左）と中井猛之進（右）
（出典：聖中心道第十一号）

春充の屋敷のすぐ下にある八幡宮来宮《はちまんぐうきのみや》神社境内には、現在でも様々な植物がうっそうと繁茂しているが、その中にリュウビンタイと名付けられる羊歯植物の群生がある。このリュウビンタイの群生を初めて中井が学術的に調査し、八幡野来宮神社の群生がリュウビンタイの日本における自生北限であることをつきとめる。その後彼の尽力により八幡宮来宮神社のリュウビンタイは、八幡野八幡宮《やはたのはちまんぐう》・来宮神社社叢《きのみやじんじゃしゃそう》として国の天然記念物となる。春充も、来宮神社の植物群を次のように記している。

（春充の屋敷より）西北の方を振り仰ぐと、千年の風雪に耐えた巨木大樹で、山と山との間を埋め尽くして太古の面影を包んでいる、八幡来宮神社の森の神々しきことよ。不思議なことには、熱帯地方の奇木珍草が沢山あるので、最近天然記念物として国家の保護を受けることになった。

（聖中心道　肥田式強健術）

また、中井のことを次のように記している。

博士の御尽力によって、郷社八幡来宮神社の境内全部が、内務省より天然記念物として、指定され、その保護を受けるに至ったことを、この機会において、私は厚く感謝の意を表して置きたい。

（聖中心道　肥田式強健術）

これがきっかけとなり、その後中井は何度か春充のもとを訪れ、強健術の実演などを実見している。また、達太郎は東京帝大卒業後、上海自然科学研究所研究員となり有能な植物学者として将来を嘱望されていたが、昭和十三年の第二次上海事変に巻き込まれ三十三歳という若さで客死している。後に春充は、彼の人柄を次のように回想している。

肥田達太郎自画像（出典：自然第十号）

私は宗教界、教育界に幾多の友人を持っているので、修養鍛冶に熱中する多くの人達を知っている。しかし、達太郎君においては、別に精神修養に浮身をやつされたことを聞かない。だが君のごとき、純情誠実な人は、それほど多く見ることは出来まいと思う。君は彫琢した人格、悪く言えば細工してこしらえた人格ではなくして、実に天成の純真、飾なきそのままの美しき魂の所有者であった。すなわち君は天真の人である。だからこそ私は、修養してそこに至った人よりも、自然のままにして、生来善美なる君の性格をこそ、一層懐かしく、かつ尊く思うものである。（自然　第十号　肥田達太郎追悼号）

来宮神社境内（著者撮影）

来宮神社境内に自生するリュウビンタイ（著者撮影）

35　昭和天皇と春充

昭和二年の秋頃、春充は即位して間もない昭和天皇に拝謁している。どのような事情でこのようなことが可能となったのかは不明である。元近衛兵であったこと、各著作が天覧、台覧になったこと、華族や有力な政治家と知遇があったことなどが影響したものと想像されるが、この時のキーパーソンは春充の師でもあった押川方義《おしかわまさよし》であった。

春充は天皇に拝謁した時、その姿勢について一抹の憂いを感じた。その後押川宅を訪れ、「帝王学の第一であり終わりであるものは、正中心を正しく修めるにある」ことを論じ、そのためには「禅を修められるようお勧めを願いたい」と申し出た。この話を押川は厳然と正座して聞いていたが、みるみるうちに両眼が涙で溢れんばかりとなり、「これ国家統治の根本問題なり」と言い、ただちに「陛下に禅の修行をなされるよう進言する」よう当時の首相田中義一《たなかぎいち》（一八六四〜一九二九）に電話をした。しかし、あいにく田中は九州に遊説中だった。後に押川について詳述する際にも触れるが、押川は元首相大隈重信《おおくましげのぶ》と懇意であり、その関係から大隈内閣の陸相であった田中とは極めて親しい仲であったという。

押川は、さらに牧野伸顕《まきののぶあき》内大臣（一八六一〜一九四九）を始め各方面の有力者と密かにこの事案について熱議した。この問題を押川がいかに重要視していたかは次の葉書からも明らかである。

葉書裏　「極大の事件につき、至急ご相談致したし、今日でも明日でも昼夜の別なく、大井の仮寓へのお越しをお待ちしております。九月三十日　方義」

葉書表　「小石川区表町学生修道院気付、肥田春充先生、市外大井町四五三九押川方義、肥田先生御不在なれば御在所へご転送を願う、事務員殿、速達」（復刊　聖中心道　一四二号）

一方春充は、強健術を学校の正課として取り入れた商船学校長の石橋甫《いしばしはじめ》（一八六二〜一九四二）海軍中将の紹介を得て、麹町の私邸に東郷平八郎《とうごうへいはちろう》（一八四七〜一九三四）を訪いこの問題を提言している。

このような努力が実を結び、春充は田中首相に青山の邸宅において面会することが叶う。春充は、熱烈に「帝王学の最重要なものは、帝王の威徳を修めるにあり、ナポレオンは俳優マルタを身辺に置いて、姿勢態度を学んだ」ことを語った。これに対し田中は恐懼して、「陛下の御姿勢不良なりと申し上げることは神聖を冒涜することであって、不敬罪に該当する恐れがある」と警告して、結局この事案は立ち消えとなってしまった。

後年春充は、もし陛下御自身の正中心御態度をもって厳として発言されたならば、東条英機などの主戦派の暴挙を強圧し去ったに違いないと回想している。

36　講演とその反響

春充はこの年の十月に、聖中心に落節してから始めての講演を、東京の青山会館で行っている。伊豆に引きこもり、俗界とは交流を断っていたにもかかわらず、講演は大盛況であったという。各新聞に広告が掲載され、当日はたちまち会場が満員となった。しかし、満員であるにもかかわらず、三時間にもわたる講演の最中は、あたかも千里一鳥の鳴かざる長林のような静粛さであったという。熱心に聴いていた、ある警察官は、春充の著作十数冊をすべて購入したほどの、熱の入れようであった。

青山会館における講演（不二山荘蔵）

そして、さらなる講演、講習の要望があまりに多かったために、引き続き神田青年会館で、五日間の講習を行うことになり、ここにも多くの人々が押し寄せた。それらの多くの人々は、三十歳以上であり、四十歳台、五十歳台の人々も多かったという。また、多数の医学生の姿も見られた。当時、強健術に関心を持つ人々の層がどのようなものであったが、見てとれ大変興味深い。

講演の後、郡是製紙が兄信水《しんすい》の郷里小沼を、映画に収める企画があり、春充と信水、東京シネマの技師らが山梨に向かった。この時も、小沼で映画の撮影ばかりではなく春充の講演が行われ、村始まって以来の盛況であったという。同時に、アメリカに送るため撮った強健術のフイルム四巻も上映された。このフイルムは、撮影後昭和天皇と皇后に献上されたとのことである。

翌昭和三年、春充と信水の恩師である押川方義《おしかわまさよし》が死去する。七十八歳であった。春充は翌昭和四年に『時を得ざるの聖雄　押川方義を哭《こく》す』と題する講演を行っている。

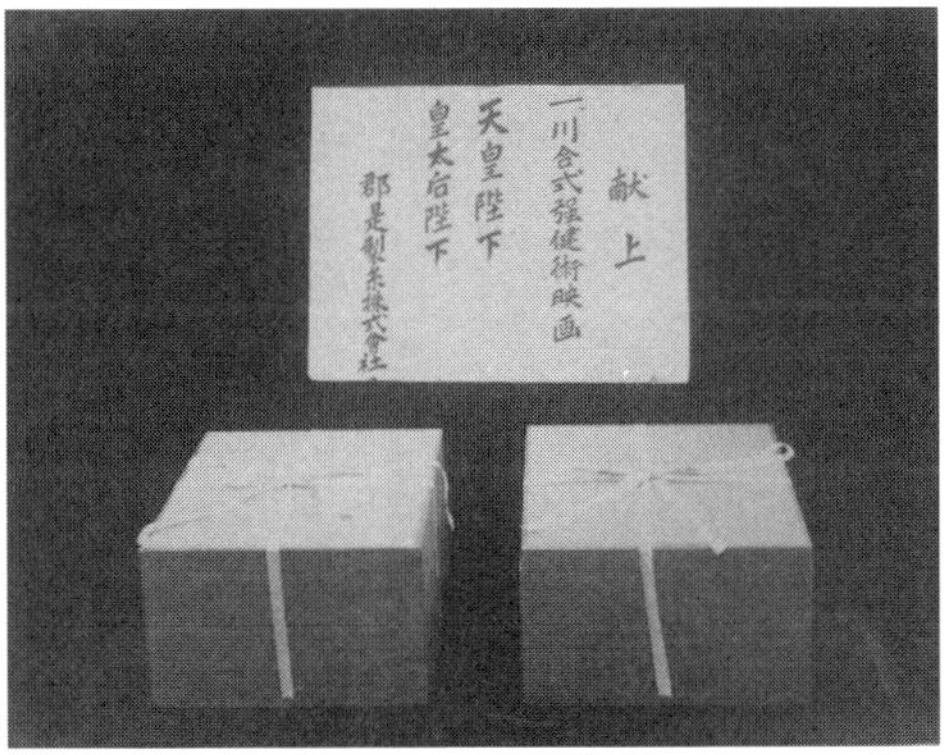

献上された強健術のフィルム（不二山荘蔵）

37　中心力抜刀術

また、昭和三年には、「気合応用強健術」の応用型ともいえる、「中心力抜刀術」の型が完成する。「聖中心」に落節してから、強健術は最も簡素化され、「中心力養生法　上体」、「中心力養生法　下体」、「中心力養生法　中体」の三法となった。その中でも、「中心力養生法　下体」の型のみでも充分に「中心力」は養成できるとしていた所に、刀を使用した型が誕生したのである。この辺の、事情について春充は次のように述べている。

私自身でさえ、もはや何ら新たな方法などは求めていない。求めていないのみならず、従来持っておった多くの練修法すらも、それらのすべてに通ずる原則であり、それらのすべての根幹をなす所の中心力をさえ完全に練ったならば、他の一切の方法はことごとく放棄し去って差し支えがないということが明らかになり、現にそれを実行しつつあるではないか。（聖中心道　肥田式強健術）

造ったのではない。設けたのではない。自然に生まれたのだ。完全な正中心力を、純真無我の赤誠をもって、鍛える中に、強大峻烈なる腰腹の力、全身に遍満し、躍々、閃々として、四肢五体に、溢れ迸り、鋭気精力のやりどころ無く、たまたま愛蔵の長刀を取って、その光芒輝く様、古代日本精神の象徴である形に、眺め入った時、覚えず湧き来った大中心力に堪え得ず、私は憤然として立って、『ヤッ』、『エイッ』と縦横無尽に振り廻し、あるいは前を斬り、後ろを払い、あるいは鞘に納め、あるいは抜き放ち、無形の精神の活躍する所、ただ中心力の迸るままに無型の型を演じ尽くした。（聖中心道　肥田式強健術）

春充が語る所によれば、正中心の力が五体に満ちた時、自然発生的に身体が動いて出来あがったのが、この型である。これまでの強健術において、理屈が先にありそれから造りあげたものは、最初のプロトタイプの「原強健術」と、加藤平民病院で教授していた時に考案され『強い身体を造る法』に発表された「簡易強健術」であった。それらの型をやっている中で、自然に不自然な部分がそぎ落とされ、新たに中心から迸る力のままに動いた、より合理的な動きが加味されて、「気合応用強健術」などが生まれたのである。これに対し、「中心力抜刀術」はいわば、純粋に正中心力の発動によって、出来あがったものである。だから、元来決まった型がある訳ではない。逆に、型に捉われ、正中心力が抜けてしまっているようなものは、全く本質を見失ったものであり、無意義なものであるという。

中心力抜刀術（出典：国民体育）

このような訳で、最もシンプルな「中心力養成法」と、日本刀という道具を使用する上に、複雑な動作が伴う「中心力抜刀術」は、一見すると正反対の運動法に見えるが、一方は、中心力を端的、直接鍛える型であり、一方は中心力が端的、直接に発動して出来た型であるので、それらは、正中心力を元としている点では、全く同一のものであり、その方向性（インプットであるか、アウトプットであるか）が違うだけなのである。

そして、そこには思考、はからい、自我というものが存在しない。正中心より、あるがままのものが、自然に湧き出てくるのである。春充は、そのような力により、身体が自然に動く経験を何度か味わっている。ここで注意したいのは、自我がないといっても、いわゆるシャーマンの憑依のような、他動的に自我が乗っ取られている、あるいは自我が麻痺している状態とは、全く違うという点である。このシャーマン的忘我時の自我は、あくまで存在しており、それが他者に乗っ取られ、麻痺され操作されるのであって、消失したのではない。春充が経験した正中心発動の際は、思考が停止し、そして思考する主体である自我も同時に消失してしまうのである。そこに、宇宙の真理が、あたかも磨かれた明鏡に映しだされるように、観取される。自我という鏡の上に厚く積もった埃が、中心力の発動により、きれいさっぱり払われてしまうのである。このような状態を春充は次のように述べている。

アアと、振り仰いで私は立ち止まったその時だ。突如！身辺の一切はことごとく消融し去って、絶対となり、ただ本我、真我、虚我のみが渾然として、内に、にわかに存在し、ただちに宇宙の至誠心と相連なることを直感した。

オオ、中心！、腰と腹との正中心―、喜びと楽しみとは、心の底から湧き上がった。地上の幸福はまるで、自分一人の身の上にことごとく集まったかのような感じがした。一切の絶美は、みなここに集まり来たかのように、四辺の景色は眼に映った。これぞ、妙なる生命の創造だ。新しい世界の発現だ。
（聖中心道　肥田式強健術）

彼は、彼自身を、粉微塵に打ち砕いて、ドブの中に投げ捨て去り、さらに周囲のすべてに捨てられて、絶対虚無の天地に投げ出された時、そこに純真至誠の大光明が、展開し来るからである。ここにおいて、彼は初めて永遠の生命の真相に触れ、天来無響の声に接することが出来るのだ。入り乱れるチリのようなこの世の名利貪欲に、断ち難い未練を繋ぐ俗宗教家共の、いわゆる『霊感』のごときは、自他共に欺く妄想幻夢に過ぎない。すなわち、天来無響の神の声は、虚無純真至誠の魂でなければ、断じて、発し来るものではないのだ。（聖中心道　肥田式強健術）

最初の引用では、春充の小我が消え去り、真我と宇宙の真誠と一体化した時のことを表現している。次の引用では、自身の絶対虚無の境地と、新興宗教の教祖達の境地の対比であるが、虚無であるからこそ、天来の声に触れることができる。そこに、何らかの意図、思索、欲望が微塵でもあれば、天来の声は届かないとしている。この境地は、後に「純虚」と呼ばれ、晩年の「宇宙倫理哲学」に通じる重要なものである。

38　訴訟事件

翌昭和四（一九二九）年、三月から八月にかけて、春充は、親戚の文学士の巻き込まれた刑事、民事訴訟を解決するべく上京している。

事件の発端は次の通りである。親戚の文学士であり教師でもあるNが、B学校長のTという人物と、新たに東京に学校を設立し生徒を募集することになった。このことにつき、Nは春充に相談しに、はるばる伊豆までやって来た。恐らく資金の援助を乞いに来たのであろう。この時の話を春充は、次のように回想する。

Nが学校経営をやるため、資金調達をするのだと相談に来た時、私は台所の炉端に座って彼に言った。『十余年も田舎に入っておって、なんら学校経営などに経験のない私が、このススだらけの台所で言うことと、学校経営に多年の経験を持つTと、また永く教員生活をしている君の言うことと、いずれが当たるかは、要するにもう一ヶ月半もすればわかる訳だが、いいか君、俺は、太鼓判を押して、…一抱えもあるような太鼓判を押して、この事業の失敗であることを断言して置く。いいかね。いい加減の予言じゃなくって、明言し、確言して置くんだ。君は応募学生を、二百名と計算を立てているのだが、実際は十八名以上はないのだ。一八名だよ。二十名とキッカリ言わずに、一八名と言って置く。この予想が、必ず適中することを、俺は断言して置く。君が二百名としている所に、誤算と失敗とが潜んでいるのだ』。Nは、恨めしげの眼を上げて、私を見た。それも無理はないのサ、二百名以上の応募者があるものと確信する程、勧誘、広告の手段を尽くしておったんですからね。それを、タッタ、十八名だなんて言われたのでは、資金の援助をするのがイヤで、出まかせを言って妨害をするのだと、感じたのも無理はないことだ。（中略）然るにどうだ四月十日の締め切りになって見ると、驚くなかれ、応募人員十六名―読者諸君、これはすべて事実談ですぞ。…私が予言したのよりか、なお二名足りないのだ。二百名以上を収容する校舎を新築し、それに要する一切の設備をして、当てにした生徒がなくて、収入が得られないとすれば、その結果のおもむく所がどうなるのか。（聖中心道　肥田式強健術）

Nは、学校の権利はT校長と他一人の計三人として自分がその会社主任として、経費を全額負担するという契約をしていた。彼はその学校の名義を六千円で買い取っていたのであるが、経営が頓挫したことを受けて、その返済を迫られることとなった。金策にいきづまったNは、Mという高利貸しから新築校舎を抵当に借金をしたのであるが、その金も、AとEという二人のヤクザ者に脅し取られてしまう。しかも、その校舎の建っている土地がSという者の土地で、そのSより、元あった家屋を取り壊して校舎を立てたのは、契約違反だとの詐欺まがいの言いがかりをつけられ、一万六千円もの損害賠償を、請求されることにまでなった。

これらの経過から察するに、T校長と高利貸しM、ヤクザ者A、E、土地の権利者Sは、はじめから共謀して、人のいいNを巧妙に嵌めた、というのが真相のようである。しかも、相手は弁護士を二人も雇っており、とても勝ち目はないように見えた。こうして万事行き詰ったNが、学校経営に金も出さずに、ケチばかりつけると怨んでいた春充に、泣きついて来たのである。春充は言う。

実は、十六名位の予感であったが、予備として二名多く言って置いたのである。どうしてそんなことが、分るか？分るのではなくして、感ずるのだ。純心な正中心の理智鏡に、フイと映るのだ。チャンと感ずるのであるから、当たるも八卦、当たらぬも八卦と云う偶然とは違って、実にピシャピシャとよく的中する。（聖中心道　肥田式強健術）

そんなことは、つまらん些細なことで、かなり大きな問題の推移などについても、虚無の中心を以て観察を下すのに多くは的中してほとんど誤ることはない。だが、それはいずれも、霊智でも妙智でもない。ただ中心虚無の明智に、過ぎないのだ。あたかも直観的啓示のごとく速やかに解りはするが、結局それは、冷ややかな論理学的総合的観察が虚無聖明の中心にまとまって提供されるのに過ぎない平凡事なんだ。正中心力一閃、あらゆる雑想俗念を踏み砕き去って、明智のみ光り輝く時、ポカッと、自然に心鏡に映り来るのである。考えずに考え、観察せずに観察する、虚無の活用に他ならないのだ。

（聖中心道　肥田式強健術）

純虚となった正中心に、冷静な論理学的、綜合学的観察がまとまり、事の真相と成り行きが見えてくる。春充は、決して奇蹟や超能力のようなものではなく合理的な観察、判断にすぎないとしている。このような、直覚的な事実判断、予見は、後に病人の症状などを聞くだけで、的確にその治療方法を指示することが出来たことや、大東亜戦争の戦況を的確に判断していったことなどにもつながる。また、父立玄《はるつね》が、やはり病人の症状から死期を直覚的に読み取っていたことにも通じ、興味深いものがある。

さらに中心姿勢を決めることによって、事件を解決していく判断力ばかりでなく、理不尽かつ威圧的な相手に対して、ひるむことなく対峙していくこともできた。春充は言う。

この難事件を私が一身に引き受けて解決の立場に当たった時、あらゆる方面の交渉において、まず相手方を圧倒し去ることが出来たのは、中心の姿勢であった。私は我が中心から、強大な力が迸り出て相手の頭上から押えつけて行くのを、自覚することが出来た。それで事件を飲み込み、事件を超越して、悠々として心をもってこれに善処することが出来たのである。すなわち知る。正しき姿勢は、大いなる美点であるばかりでなくまた絶大なる力の発現となるものであることを。（聖中心道　肥田式強健術）

では、この難事件を、春充はどのように解決していったのか。春充の記録を辿りながら、見ていきたい。

まず、春充は、この校長T等に、次のように述べ、徹底抗戦していく旨を告げる。

私は、これが、教育事業をともにしようとする者がやるべき処置であるかと、道徳的に彼らを責め、『よしこれが、法律的にはどのようなひっかかりがあるにせよ。仮にも、教育者たるものの執るべきやり方であるか。我が輩は私財をなげうってでも、飽くまで争ってやる。（中略）我が輩の方は、金銭上の争いが目的ではなく、君達の非教育者的行動に対して、戦って行くんだ』（聖中心道　肥田式強健術）

そして、それまでの契約の内容を調べようとすると、当のNは、印鑑までもT校長らに渡してしまい、受領書一つ取っていなかった。

やむを得なく、Nの妻君をやって出納簿を持って来させ、徹夜して写し取らせると言う始末。そんな具合であるから、有力有効な材料は、みんな実印を押してポンポン取られており、私は実に、コチラから供給した武器に対して、赤手空拳を以て立ち向かわなければならぬ苦境に立たせられてしまった。

（聖中心道　肥田式強健術）

この状態を脱するべく、春充は思い切った行動に出る。

私はまずこの羈絆《きはん》を断ち切らねばと考えて、校主と弁護士とに契約書を持って来てもらい、彼らが事実を曲げて、Nにいかにも有利なように思わせて、ついにこのような馬鹿げた契約書まで容認させるに至った、悪どいやり方を暴き出し、たちまちビリビリ…『こんなものは、いらんハズだ』と、破き捨ててしまった。

『アッ』と驚いてけれども、もう机上にちぎり捨ててしまってある。

彼らが唖然として座視したのは、ただ私の強力なることを恐れたからに過ぎない。

アア、私は、有徳の君子などではない。そのなす所、まさにならず者のような者と非難されても、弁解すべき一言の余地などはあろうはずもないのだ。（聖中心道　肥田式強健術）

さらに、交渉を進めていく中に、次のような話がある。

ある重要な書類を、取り返すようにNをやった。（中略）それから、Nは数回行って交渉したけれども、どうにも埒《らち》があかない。

そこで、私が行って話した所が、『それでは今晩七時に、こちらから参りますから』とのことであった。来たら待たせて置けと、言い残して、七時近くにNと銭湯へ出かけた。（聖中心道　肥田式強健術）

八時頃に帰って見ると、人相の険悪な、四十七、八の男が、待ちあぐんでいる。

私は、『ヤア、御苦労』と、軽く挨拶し、『どうぞ、お楽に』と、会釈して、すぐにあぐらをかき、テーブルに依りかかって頬杖をついた。私のこの傍若無人な態度は、かなり彼の癪《しゃく》にさわったと見え、この小僧がという気持はアリアリと彼の顔に読まれた。

けれども私は、ソンナことにはさらに頓着なく、頬杖をついたまま『フン、フン』と、先方の言い分を聞いておった。

彼は子分を沢山持った請負師で、代理に頼まれて来たと自ら語っておった。そして、『契約書も入れてくれないから、信用して書類が返せないではないか』と言った。私はかねて、用意して持っておった契約書を懐の中から取り出し、ポンとテーブルの上に放り出して、静かに言った。『コンナものが、要るならやる』。

抑えに抑えた彼の憤怒は、一時に爆発した。叩きつける好機がきたとばかり後ろへ身をそらし、『いまさら、コンナ物が欲しいと思うか。人を馬鹿にするな』と、居丈高《いたけだか》になって怒鳴った。

私はなお、平然として頬杖をついたまま、『これが、円満な協定が出来ないとすればだ。最後は、法廷において、争う以外あるまい。その時において、一番有力な材料になるのは、この書類だ』。そこまでは、穏やかに言ったが、それから、上体を起こして、中心を定め、右手を上げて、『コンナ物とは、何だッ』。力強くテーブルを叩いた。ピシャッ…彼は一度にすくんでしまった。

しばらくして、オロオロ声で言った。『詳しいことを、知りませんので、どうも、飛んだ失礼を申し上げました』。両手をついて、低頭した。

『よろしい。明朝の午前九時まで、待ってやる。書類一切を、ここまで持って来い』。私は厳然として、言い放った。彼は、平身低頭して、ソソクサとして帰って行った。そして、翌早朝七時頃には、もう一切の書類を持って来て、丁重に返してよこした。（聖中心道　肥田式強健術）

また、Nが高利貸しから借りた金を脅して奪ったヤクザ者のAが、請負師のE（先の一件の人物と思われる）を連れて、春充を尋ねてきた。

朝早く私が洗面所で、体を拭いていると、案内されて入って来た。一人は洋服、一人は印半纏《しるしばんてん》を着ている。私は先頭のEだけに、ヤと、軽く会釈して静かに自分の室に入った。Eは、最初強烈にN一家をいじめ抜いておったが、初対面で私の一喝で私につくようになったので、その時も私は、事件に関してEとのみ、ごく穏やかに話をしておったが、突如、私は態度を決めて、Aの方に向き直り、『時に君、君はよく短刀などを振り回して、人を脅かすそうだが、俺なんかにそんなことをすると、一突きに打ち殺してやる』と、キッと睨《ね》めつけてやった。出し抜き、全くの不意打ちであったから、彼の顔色はサッと変わった。後、彼は人に向かって、今まで一度も恐ろしいと思ったことは、なかったけれども、肥田先生に言われた時には、ギョッとしてすくんでしまったと、述懐したそうだが、この時から彼もまた、最も忠実に私のために、手足となって働いてくれるようになった。言いつけたことは、予期以上に立派にやってのけた。（聖中心道　肥田式強健術）

そして、この詐欺事件の黒幕と考えられる、Nをだまして校舎を建てさせ、それを違法だと告訴したSと対峙する機会が訪れた。

事件の張本人B学校長Tを訪ねると、ちょうど、彼らの仲間の者が十四名集まって協議の最中であった。中にSも入っておって、これは後で聞いたのであるが、誰れが来ても私がみんなやり込めてしまうので、彼はプリプリと怒り出し、『何だ。ドイツもコイツも、意気地の無い奴らばっかだ。肥田の小僧め、俺が今度一捻りにしてやる』と、私に会うのを、待ち構えておったそうだ。ソコへ、私は偶然に入り込んで行ったのである。

そこは細長い狭い部屋で、十四、五人も入ればギッチリなんだ。入口のドアを締められれば、出ることは出来ない。

T校長は、『どうぞコチラへ』と、一番奥の椅子へ私を招待した。私は、『では、失礼』と、軽く会釈して入って行った。わたくしの右がT校長、左がSである。一同、しばらく無言…。

するとSは、綱を放たれたあばれ馬のように、その恐ろしげな顔を私に向けて、『いつまでコンナことをしておってどうしてくれるんだ』と、ブリからんで来た。私はソンナ無礼な言葉には答えない。黙って腕を組んでいると、彼は突如！私の顔の前に拳固を突き出し、『これッ、どうしたんだ。××××を監獄へぶち込むぞ。監獄へ』と、拳固を振って怒鳴った。

私は、言葉静かに言った。『家屋破壊罪なんて、成り立つものじゃない。成り立たんものを、告訴するなんかすると、誣告罪《ぶこくざい》で』…腰腹の中心を決め居丈高になって、私は声を励まし叱咤した。『お前こそ、叩き込んでやるぞッ』。

晴天の霹靂だ。彼は無論、私が彼の乱暴な威嚇の下に、縮み上がってしまうものと、予期しておったのであろう。そこへ、夢想しなかった雷の落下に会って、彼は一度にすくんでしまった。椅子の上で、腰を折り背中を丸くして、鋭かった眼光も猫のようになっている。私は斜めに、見下した。ちょうど十五、六のいたずら小僧が、親父に叱られて手持ぶさたでいると言う様子である。一同は、凄愴な気に圧倒されている。しばらくして彼は、言葉も態度も極めて穏やかに、『いかがでしょう。いつまでもコンナことをしておっても、致し方がありませんから、三千五百円で一切を解決することに致しましょう』と折れて出た。顔つきまで、まるで別人間のようだ。彼は実に、七ヶ月の長きに渡り、誰が何と言っても、一万六千円よりはただの一銭一厘も頑として譲歩しなかったのである。

私はその思い切った態度をほめたが、その新提案はまだ極めて過大であるとして、承諾せず決裂のまま別れを告げた。

最初、私がその部屋へ入って行く時、どんなことがあっても大丈夫、私には何人も一指を触れ得ないという、確固たる信念があって不安の念などは、私は微塵も持たなかった。（聖中心道　肥田式強健術）

こうして、三月から八月まで、足掛け半年もの長きにわたって交渉を続けた結果、なんと一銭も支払うことなく、無条件にこれらの契約を解除することとなったのである。

39　加藤時次郎の死

Nの交渉も終盤にさしかかった八月、上京していた春充に、強健術道場を併設していた平民病院院長の加藤時次郎《かとうときじろう》より書簡が届く。それは、老い先短しと感じた時次郎が、後事を春充に託したものであった。

拝啓、御心のこもった御書状賜り、感泣致しました。実は君の純正なる男子的行動学を頼み、失礼にも、我が子として、親密の関係を持とうとしたため、一日も忘れてはおらぬ。もはや、何と言うても、老いたる身、自己の生命衰退に傾く前に、種々お願い申しおきたしと存じ、御知人救助のため、御出京中、他人を交えず、後事を御相談致しおきたく、病院から電話を掛けた事もあったが、御不在中にて、御目にかかれなかった。本年中に御出京のことあれば、じっくりと御相談申上たく存じます。もとより、臨終の場合の引導は申すにおよばず、事業の後事をも、御依頼致したき覚悟でおります。真に愚老の胸中を御察し下さる人は、君より他にないと、確信致しております。まずは右簡単ながら、遺言として、御保存願い申上げます。昭和四年八月二八日一二時半に読める。数多きしるべの人は、持ちながら、心の友は、君よりぞなき。（数多く知る人はいるが、心の友と呼べるのは君しかいない）七一歳、時次郎拝、我が親愛なる友、肥田春充君（聖中心道　肥田式強健術）

加藤は、初対面の時に、春充を養子に希望したほど惚れ込んでいた。そして、この書簡からも事業の後事や、臨終までも看取ってほしいと誰よりも信頼している熱い思いが伝わってくる。しかしこの年の秋加藤は病にかかり、翌昭和五年五月三十日の朝、前日まで原稿を書くなど精力的に活動していたが、洗顔して数分後に「あっ！」と叫んで倒れたまま、帰らぬ人となってしまったのである。

幸い加藤が病に罹ってすぐに、春充は小康を得た時次郎に面会している。そこでどのような会話がなされたかは不明である。しかし、時次郎の死は春充にとっても突然のことであった。春充はその追悼文で次のように述べている。

五月三十日、病重しの電報を頂戴した時、父（養父和三郎《わさぶろう》）の病気のために、御見舞にあがることが出来なかったけれども、あの規律正しい平生の御生活、あの博愛の至誠に燃える精神力はなお先生の御寿命を、数年間延ばすことは容易なことと考え、病勢の減退することを信じかつ祈っておった。しかし、六月四日の新聞に、先生御永眠の記事が掲載せられておったので、思いがけぬこととて、私は覚えず『アッ』と声を出した程であった。私が熱誠をこめて、御回復を祈っておった時には、先生の英魂はすでに天上に帰られておろうとは、どうして知ることができようか。ああ、なぜ無常なのであろうか。（ありし面影）

春充は、加藤の恩に報いることなく、疎遠になってしまったことを非常に悔やんだ。次のように、その心の一端を述べている。

間もなく、私は田舎に入ってしまうことになり、その恩誼《おんぎ》の一端にも酬《むく》いることが出来なくて…しかも、その御臨終の枕辺にも侍することを得ないで、永く御別れしてしまったことを思えば、痛恨、腸九回するの悲しみを覚える。(中略)私にとっては、御臨終の御看護が出来なかったことが、ただただ残念で堪えられない気がする。どれ程残念だとて、最早いかんともしがたき事を—解脱、無頓着の修養に励みつつある自分でありながら、何という愚痴だ、何という思い切りの悪いことだと、自ら戒めながらも、また悲痛な涙は、胸の奥から湧き溢れて来る。(ありし面影)

そして、十年ぶりに再開した時のことを、しみじみと回想する。春充が上京して、たまたま友人の強い誘いで、観劇をしに有楽座に入り席に着いた時のことである。

左側に先生と奥様とが、おいでになった。何の奇遇だろうか。幕になったので、私が先生の肩を叩いて、『先生、どうも暫く』と言うと、余りに意外な場所で御目にかかったので、先生は驚喜して立ち上がられ、私の手を、固く固く握って、『オーほんとに暫くだった。あんまり嬉しくって、涙が滾《こぼ》れる』と言われ、両眼に一杯涙を湛《たた》えられておった。

その時に状景は、マザマザと私の脳裏に刻まれ、先生を思い出す時、その時の有様がいつも鮮やかに眼の前に浮かぶ。その懐かしき温容慈眼、何という優しさだろう。鎌倉の大仏様のような、平和な、慈情をたたえられた先生の御顔は、いつでもハッキリと、私の脳裏に刻まれている。（ありし面影）

そして春充は、次のように追悼文を締めくくる。

そうであるならば、そうなるがいい。先生の温顔は、長きにわたってアベルの血のように物を言い、私の心魂をむち打って、世を憂い人を愛する真心を鼓舞することであろう。私もまた自ら奮って人道の戦場に健闘し、いささかなりとも先生の意志を継ぐことに努めよう。（ありし面影）

40　養父和三郎の死

先の、加藤時次郎の追悼文にもあったように、この時春充の養父である肥田和三郎《ひだわさぶろう》も、病に臥せっていた。和三郎は、昭和四年十月に、老人性膀胱萎縮に膀胱加答兒《カタル》を併発し、伊東で療養していたのである。和三郎は、自身も医師であり知人にも医師が多いので、早く治したいと焦り、種々の治療法を試みたのであるが、それが却って和三郎の体力を奪い、病状を悪化させていた。

そんな和三郎に、春充はその頃すでに完成の域に達していた「天真療法」の治療法を、長文の手紙にしたためて送っているが、果たして春充のアドバイスがどの程度和三郎に届いたか不明である。そのアドバイスはそれほど聞き入れられなかったと見え、和三郎の容態は思わしくなく、翌昭和六年七月についに重症となってしまう。ここにおいて、春充は五十三日連続徹夜の看病を慣行する。

和三郎は、膀胱加答兒を起こしたので、尿意が三十分から一時間おきにあり、一人で排尿することができなかった。そこで、夜中は春充が徹夜で看病し、排尿の手助けをしていた。そして、朝四時半から五時、東がほのぼのと白んだ頃、養母と交代して、二時間程の仮眠を、自然体休養姿勢でとり完全に熟睡する。目覚めると、すぐに正中心の大緊張二十回を、全精力を集中して行う。こうすることにより、徹夜の疲労は、ことごとく一掃され、明朗な心身の状態が回復されたという。

こうして、春充は五十三日の間、全く身体の疲労を覚えることなく、看護をすることができた。このように、疲労を短時間の仮眠で一掃することができるならば、一年間の徹夜も不可能ではないと、春充は言う。

しかし、春充の看病の甲斐も無く、和三郎は重症となってから一ヶ月たった、八月二十三日夜、眠るように永眠した。

41　谷村金一の子

父和三郎が、病に臥せっていた昭和六年四月に東京渋谷在住の、谷村金一《たにむらきんいち》より、書簡が届く。彼は、この一件がきっかけとなり、後に春充と共著で、『生は死よりも強し（簡易治療宝典）』（大日本健康増進協会出版部　昭和十五年発行）を、刊行することになる人物である。封筒の表書きを見ると、『伊豆国八幡野《やはたの》、肥田春充先生様、至急親展』とある。先生様という丁寧過ぎる書き方と、至急親展との文字の上に、春充はまず不吉な予感にうたれた。

手紙の内容は、次のようなものであった。生後八ヶ月の次男が昨年の十一月に肺炎で入院し、一旦は退院したものの、再入院したこと。それに続き、次女と三女が麻疹《はしか》で入院し、特に次女の症状が重く、中耳炎と肺炎を併発し、ついに死去したこと。そして、次男は退院したが、咳がひどく、食欲がない。しかも、一日のうち二、三回、窒息状態になり、呼吸六十くらい、脈拍百二十、熱三十九度五分と、瀕死の状態が続いているという、急を告げる内容であった。

春充はすぐに筆をとり、次のようなアドバイスをした。そこには、春充の創始した「天真療法」の要件がことごとく説かれているので、そこを中心に引用してみたい。

化学的効力のある薬品、とりわけ効力峻烈な新薬の作用は、＝注射は直接のためさらにこたえる＝普通健康体にも、中々こたえるもの＝まして、病み衰えたものに取っては、誠に恐るべきもの。（天真療法）

疲れた病人の身体には、薬品、注射などの過剰な刺激を与えないことが、第一に必要であると説く。次に、看護人の態度について助言する。

信愛なる谷村君。迷ってはならない。確固とした意志を振り起せよ。迷って誤ることなきよう切に切に願う。

谷村君は平生、広く学んではいるが、深く至るところがなかった。このような時、明徹で氷のような心境を保ち得られるかどうかを疑い憂える。

霊妙の力は、天地宇宙に満ちている。あせり、もだえて過ちを繰り返すようなことがあってはならない。

（天真療法）

次に重要なことは、看護人の精神の安定であると説く。以上の二点、つまり、病人の体力、治療力を奪う過剰な刺激となる薬物などの使用禁止と、看護人の精神が落ち着き病人に安心感を与えること、これらは、天真療法の最も基本となる要点でもある。天真療法の第一の条件は、患者の「身体と精神の安静」である。

この目的を達成する上で、最低限必要な条件を整える要因が上記の二点なのである

続いて、食事についてアドバイスする。

食物＝かつおぶしを細かく削ったものに、ちょっとしょうゆを落としたものや、梅干などがよい。薄いしょうゆの麩のしるなども可。みそしるはややよくなってから、薄いものを煮過ごさぬようにしてやる、栄養上の心配はさらにない。淡白な白米の重湯か、煮くずしたおかゆを、少しずつやる。卵、牛乳、魚などよくない。ややよくなったら軽き魚など可。栄養、栄養と言って、濃厚な動物性のものを与えぬこと。清水を与える。（天真療法）

以上の、食事の條件は、病人の身体、特に胃腸に余計な負担をかけない淡白な食物が中心となっている。これは、消化器官に余計な負担をかけず、疲労を避け、身体の安静を破らないことを目指したものと理解できる。また、次に説くアドバイスも、天真療法の重要な点である。

便通がなければ微温湯のかん腸をする。グリセリン、石鹸、ヒマシ油、食塩などは用いない。（天真療法）

これは、体内に停滞した不要物を速やかに排出させることにより、不要物からの毒素の拡散を避け、停滞させることによる身体の負担を軽減し、やはり身体の安静を最大限に保つことを目的としたものと言える。

また、刺激の強い薬剤を極力使わず、身体に優しい微温湯を使うのも、身体への影響を最小限に抑える目的である。

以上に説かれた、
・身体と精神（看護人の精神状態も含める）の「安静」
・その時、その症状、その身体状態に最適の質と量の食事を与える「食養」
・体内より、速やかに自然に近い形で不要物を排出させる「排泄」
この三点は、天真療法の三大基本である。この三つの基本が達成されると、

心身の安静第一、安静によって治療力が発動する。（天真療法）

と、春充が述べている通り、安静により余計な体力が消耗されることが無くなった結果、余剰の体力が治療力となり発動するのである。このように、谷村に宛てた書簡には、天真療法の要件が語り尽くされており、余すところが無い。そして、最後に次のような注意を、繰り返している。

看護に当たる者は、怒らず、騒がず、憂えず、平静、泰然とすること。これらは、患者にも感応する。病に打ち勝つことは、本当に簡単なことである。しかし、効をあせってはならない。服薬や注射で、患

者の治療力を破砕する場合が非常に多い。恐るべきことである。注意、注意。（中略）平凡、平凡、なんら特別の方法などせずに、安全に治癒できる道が与えられているとは、天道、自然の法則のありがたさである。しかし万人は、ほとんどこれを知らない。哀れむべきことである。（天真療法）

この春充のアドバイスが効を奏して、急を告げる手紙を受けとってから五ヶ月後に春充が谷村家を訪問した際には、次男は「もう丸々と肥え太って、谷村君が私のそばへよこそうとしたら、えびのように跳ねあばれて、逃げ出すほどの大元気であった」という。これが縁となり、冒頭で述べたように谷村は、後（昭和十五年）に春充との共著であり、春充の主著『天心療法』を簡易に解説した、『生は死よりも強し（簡易治療宝典）』を出版することになる。

『生は死より強し』表紙

なお、誤解のないように付言しておくが、「天真療法」は、単なる医療、医薬否定論ではない。それは、春充の「決して医薬無用の説を称えた者では無いのである」、「私は近世科学の絢爛たる産物として、医術の発達、薬物の進歩に対しては、満腔の敬意を表するものである」（心身強健術）などの言葉からも明らかである。

42　飯田檔隠との出会い

春充は、養父和三郎《わさぶろう》の葬儀を八月二十五日に済ますとそれから昼夜兼行して、後始末、家事の整理を行い、九月四日午後に兄信水《しんすい》が勤務する京都の郡是製糸に向かう。郡是で強健術を教授している安藤亀治郎《あんどうかめじろう》海軍大尉を援助するのが、その主な目的であった。郡是にて講演を行った後、郡是教育課長池田猷《いけだはかる》の十三歳になる息子が重態であると聞きおよび、この子供も天真療法を指導してほとんど危篤状態であったのを救っている。

郡是にしばらく滞在した後、春充は、兄信水と共に大阪に向かい。そこの土佐堀青年会館で、伊豆に引きこもっていた沈黙を破り、十数年ぶりに一般向けの講演を行った。この日、元大阪毎日新聞記者岡田次郎という人物が、来ていた。彼は、春充も認める記者としての人物批評眼を持ち、春充とも旧知の仲であった。その岡田が、禅者飯田檔隠《いいだとういん》に会いその教えを受けることを、強く勧めたのであるが、「我が正中心の至誠をもって、ただちに真理の大生命に参じ、特に師を求めない」春充は、会ってみたいとの気が起こらなかった。しかし、翌日になると、確かな眼を持つ岡田が強く勧めるのであれば、余程の人物であろうとの思いと、かつて兄信水が「飯田さんは、至誠高潔、禅の境地を得られた方である」と言ったことを思い出し、是非会ってみたくなった。

飯田《いいだ》欓隠《とういん》（一八六三～一九三七）は、文久三（一八六三）年に山口県に生まれる。東京帝国大学医学部を卒業し、明治十九年、二十四歳のとき、東京駒込病院に医師として勤務する。駒込病院は、春充の理解者の一人、二木謙三《ふたきけんぞう》も勤務していたが、飯田は二木の先輩にあたる。その時治療の甲斐なく、コレラで死亡する患者の多さに痛切な無常を感じ、広島の仏通寺香川寛量《こうせんかんりょう》の元に参禅する。そこで、寝食を忘れる猛烈な修行を行い、たちまち師より印可を得る。しかし、それで終わることなく、さらに修行を続け、明治二十二年、二十七歳の時、南天棒中原鄧州《なんてんぼうなかはらとうしゅう》に出会い、弟子入りする。刻苦修行の結果、明治三十年、三十五歳の時、南天棒より印可を得る。それでもなお満足せず、先人の語録などを調べながら、さらに独自の修行を続ける。そして、明治三十五年、岐阜県虎渓山において、天地と融合する大真理を見出し、大悟徹底する。四十歳の時である。ここまでは、世俗の身で医師が本業であった。さらに、悟後の修行を続け、大正十一年、六十歳の高齢を持って、福井県小浜発心寺《ほっしんじ》原田祖岳《はらだそがく》の元、初めて出家する。こうして、臨済宗、曹洞宗、両宗を修めた、五百年間不世出の傑僧として世に賞賛されるようになる。春充と出合ったのが、昭和六年のことである。この時、すでに六十八歳、晩年の円熟期であったと思われる。そして、この年には、大阪府高槻町古曽部《たかつきちょうこそべ》に少林窟座禅道場を建設し、本格的に後進の指導に、当たりはじめていた頃であった。

飯田欓隠（出典：永嘉大師証道歌提唱）

春充は、その日いつでも出発できる準備を整えていたのであるが、すぐに出る気にはならなかった。そこで、昼食を済ましてから大阪、梅田発の列車に乗り、高槻駅を目指した。高槻駅に着くと、駅前に数台のタクシーが並んでいて、その一台にすでに客が乗っている、何気なくその運転手にこの車は、古曽部方面に行くかと聞くと、運転手は質問には答えずに、これは乗り合いタクシーではないから駄目だとにべもない。

スルと車中の客が、『ハア、古曾部へ行きます』と、言われた。私はフト首を上げて、車中の人を見た。簡単な法衣を着けた人が、乗っている。私はツカツカと近寄って言った。『あなたは、飯田さんじゃありませんか』。するとちょっと驚いたような風をされて、『アアそうです。が、あなたは？あなたはどなたです？』。私はポケットから、名刺を取り出し、『実はわざわざ、御目にかかりに参った所でした』。『じゃあ御一緒に参りましょう。どうぞ』。私は、喜んで飛び乗った。（聖中心道　肥田式強健術）

聞けば、飯田も講演帰りで、同じ列車に乗り合わせていたのだという。もし、午前中に出かけていたら、面会は適わなかったであろう。しかも春充には、この後の予定が、詰まっており待つゆとりは無かったのである。ここまでタイミングよく偶然が重なると、これはもう禅界の巨頭と、春充を会わせる天意が働いたのではないかと考えたくなる。

瞬間にして、百年旧知の親しみは、両者の胸中を包んだ。種々の物語を交わしつつ、老師が居住される少林窟に着いた。

新たに出来た禅堂を通って、座敷に招かれた。あらためて、初対面の礼を述べたら、老師は嬉々として、『ようう御出下さいましたな。友あり。遠方より来る。また楽しからずや。よう御出で下さいました。衷心より喜びます。私をこれほど喜ばしくするのは、友だ。誠の友が、懐かしい』と、いかにも、喜ばしそう—。（聖中心道　肥田式強健術）

互いの挨拶がすむと、春充はかねてより疑問に思っていたことを、飯田に訪ねてみることにした。

真に禅の妙諦に悟入した高僧の、座禅時における姿勢、態度とはどのようなものであろうか。私自身は、私が体得した中心生命力は、これ武道の精華、禅の極致だと確信しているから、断じて違う筈はないとは思いながら、老師に向かって、座禅のやり方を見せていただきたいと御願いした。

老師は、『よろしいです』と、言下に快諾され、ただちに立って法衣を換え、座に戻られた。そして無造作に、座禅の型にとりかかられた。まず衣を払って、両足を組まれ、除々に体を起こされた。私は姿勢を正しくし、中心の力をドカッと腰腹の間に収め、全身の注意力を傾注して、老師の肺肝を貫くような眼光をもって、キッと凝視した。

ズズウ、ズズウ、ズウーッ、瞬間、瞬間、また瞬間、老師の上体は起き上って行く。そして、そして、そうして—、老師の物理的中心が、結跏した支撐底面《ししょうていめん》の中央に、ギクッ…と落ちた。機、一髪の瞬間、私の胸中からは、巨弾を投ずるように、アそこだッ—と思った時、老師の上体はピタリと止まって—。動かざること、正に泰山の如し。慈しみの顔はおだやか、威容は堂々として、寸分の隙もない。さすがは四十有余年間、座禅で鍛えられただけはあるなあ！何という立派な態度だ。何という、見事な形だ。その充実した態度、その虚々然とした姿勢…アア…アア…アアッ。

私はうやうやしく一礼して『良く解りました』と、謝辞を述べ、それから、『禅と同じ、中心の姿勢で、身体の内外各部を鍛錬する私の方法三ツ四ツを、御目にかけましょう』と、言ったら、『一人で見せてもらうのは、惜しいから』と、立って高弟をつれて来られた。

そして端坐して、見ておられた。

突如！私は、両手で膝を叩くと共に、『ヤッ』と裂帛の掛声をするや、師は厳然として、『抜かずして斬る一剣、天に倚《よ》って寒し』（剣を抜かずに、生死を両断したとの意）と言われた。

私が静かに、姿勢を決め、正中心に力を込めるや、たちまち眼光を据え、身体を乗り出し、非常に熱心な態度をもって、見詰められた。

そしてしばしば膝を叩いて、感嘆の声を連発された。終わって私が席に帰ると、両頬を赤くし、熱烈な口調をもって感想を述べられた。

『今やられたのは道と一体だ。活ける道だ。道は死なない。近頃流行の健康法には死がともなう。不死の法でなければ駄目だ。すばらしいものですなあ。自我を認めることなし。絶対無我の境だ。無我は大我で、宇宙と合体する。天地宇宙と、一体となること、これすなわち、大悟徹底の域—。今あなたが、やられた瞬間、光が全世界を照らした。目が見えない者が、見ることができないのは、太陽や月のせいではない。いいですな。道なるかな。道なるかな。至妙の極致だ。それこそは本当の、体育禅であり、動的禅である。…全力全挙、一刀一断、縛られない獅子の力だ。自己の胸中より出でて、天の外、地の外に至る。自分からのものでないと、駄目だ。鞍の上に人なく、鞍の下に馬はいない自由自在の境地、その勢い彪《ひょう》の如し。豪《えら》いことですな。大変なことだ。大いに世に伝えて下さい。国威国風を、発揚するために、あらゆる外国人に、見せてやりたい。その境地については、是非とも、書き残してもらいたい。ともに大いに、やりましょう。惜しいですなあ。田舎におられては』と言われたので、

『そんなつもりは、ありません。師にもならず、弟子もなく、道場も造らなければ、会も設けない。個人教授もしなければ、講演もほとんどやらない。この道に、精進してから、三十有余年、その間、加藤平民病院長の好意により、二ケ年間、公開道場を設けて、指導したばかりです』と、御答えしたら、『加藤という人は、有名な人でしたが、そんなに偉かったですかねえ。遥かに見えておった。あなたの体に、宿っておった道が、見えたのだ。加藤という人は偉い。その人、今や亡し。惜しいですなあ』と、痛惜の情、面にみなぎった。（聖中心道　肥田式強健術）

春充が到達した正中心姿勢と、禅の姿勢が同様であることを、禅界の巨人より認められ、また自身も確認できた瞬間であった。また、飯田は、春充の強健術を、不死の法であり、絶対無我の境地であり、宇宙と一体化した大悟徹底の境地であるとまで認めている。春充はたびたび、正中心姿勢を決めた瞬間、思考が

停止し、すべてが虚無となると言っている。そこには、一切を捨て、自我さえも無くなった、虚無の絶対境があるばかりである。後に春充は、この境地を「純虚」と呼んでいる。その境地を禅界の第一人者より、認められたのである。そして、強健術を、「体育禅」、「動的禅」であるとまで絶賛したのである。

お互いの境地を確認しあった後、二人の問答が始まる。古《いにしえ》の名僧達の禅問答もかくやと思わせる、正に活きた問答である。

私は突如として、おたずねした。

『あなたのような正直な、心の綺麗な方が、どうして?南天棒だなんて、アンナ下らん奴に、師事されましたか?』

出し抜きの奇問に、老師は暫く沈黙されておったが、

師『南天棒は、乃木大将も推服されておった。』

—乃木大将かつて、南天棒に参禅し、入室しようとした時、南天棒大渇一声、叱咤して曰《いわ》く「コラッ」

と将軍覚えずたじろぐ、南天棒曰く、「剣をとれ」と、将軍、ソソクサと帯剣をはずし、うやうやしく入室する。以来将軍、南天棒は豪《えら》いと、推奨して措かず。—

予『忠誠の至情と、兵を用いる妙とにおいては、乃木大将は、古今稀に見る名将であった。けれども、禅においては、赤ン坊同様のものだ。赤ン坊を脅かしたからとて、南天棒の豪い理由には、チットもならない』。

…沈黙…しばらくあって、

師『主君が、主君として至らないとしても、家臣は、家臣を辞める訳にはいかない。であるから私は、南天棒の禅を伝えるがために、南天棒法話という、書物を書きました』。

私は体勢を定め、眼光を据えて、すかさず—、言葉鋭く

『禅に（長槍を老師の心臓に突き刺すように）…南天棒の禅がありますか』

…グサッ…

師『南天棒の禅は、強かった』

予『強きは禅の、禅にあらず。禅の禅は、ただ禅のみ』。

それから私が、

『樹下石上に露座と、言うことがありますから、本当の座禅は、岩の上でやるのかと思って、私は大石を、松の木の下に据えて、時々その上で、結跏趺座することがあります』。

師『それはひどいですなあ。蒲団は厚いのを敷き、さらに臀の下には、座趺《ざふ》を敷いて、やるもので、お釈迦様も、厚く草を敷いて、座られたのです』。

予『それでは本当に、座禅は習禅にあらず。安楽の法門なりですね』。

老師は、破顔微笑された。

話頭を転じて、

予『私は中心力十　部分力九の割合で全身の鍛錬を致します』

と、言ったら、押さえつけるような声で、

師『それはいけない』。

ピシャッと一つなでられる、…

師『部分力九というのは面白くない。願わくはすべて十の力でやってもらいたい。それ十は十方に通じ、東西南北を表す』。

私は即答した。

『九も十も、中心において統一調和されれば、ただこれ一となり、ただこれ無となります。どうして十があるでしょうか。どうして九があるでしょうか』。

師『分かりました。ではそれで置きましょう』。

春風が通り抜けたかのように、あっさりしたものである。

予『私は目下、この正中心を、鍛えるだけであるから、毎朝の練習時間は、タッタ四、五十秒間に過ぎません。その代わり全身全力全生命を、集中してやります』。

師『それは、良くない』。

巨弾落下―またやられた。

師『朝だけ、精神を込めると言うのは、よろしくない。立つも禅、座るも禅、行くもまた禅、行住座臥、すべてこれ禅』。

予『いかに力を込めてやっても無心の練修はこれ無為の行、立つも禅、座るも禅、行くもまた禅、行住座臥、すべてこれ禅ならば…なぜ―右手を上げて背後を指し―禅堂において、座禅されますか』。

相顧みて、共にカラカラと大笑した。

無心の応酬は、泉水が渓谷を流れるように、白雲が天空を流れるようなもの。人この記事を読まれたならば、礼儀なく、親しみなく、荒涼とした氷原のような感じがされるだろうけれども、老師を敬慕する私の胸中と、私を信愛される老師の腹中とは、道が相交り互いに相溶けあっており、語り終わって、応酬の武器を収めれば、春風おだやかに、花咲き、鳥歌うの趣があった。（聖中心道　肥田式強健術）

ここで話に上っている南天棒《なんてんぼう》（一八三九～一九二五）とは、俗姓は中原、僧名は白崖窟鄧州全忠《はくがいくつとうしゅうぜんちゅう》、通称南天棒と号した臨済宗の僧である。天保十（一八三九）年、長崎県に生まれ、幼くして母を亡くし、十一歳の時、父を説得して出家する。その修行は苛烈を極め、夜の座禅の時、惰眠を破るため井戸の上にスノコを敷き結跏趺座したという。こうして二十七歳にして、印可を受ける。九州を巡回中、見つけた南天の木を削って作った棒が南天棒であり、号の由来でもある。門人には、乃木希典《のぎまれすけ》（一八四九～一九一二）、児玉源太郎《こだまげんたろう》（一八五二～一九〇五）、山岡鉄舟《やまおかてつしゅう》（一八三六～一八八八）などがいた豪僧である。

南天棒
（出典：南天棒禅話）

飯田檔隠《いいだとういん》が、南天棒のもとに来たのは、明治二十二（一八九九）年の十二月、雪の降る日であった。皆が寝静まった夜中に、「一大事のために、夜中にもかかわらず推参した、老大師に相見がしたい」と玄関をたたき、南天棒に会見した。飯田はすでに仏通寺の寛量《かんりょう》より、印可を得ているので、自信たっぷりに南天棒に問答を仕掛けたが、南天棒の一言で、うんと行き詰まってしまう。玉のようなあぶら汗をかきながら、苦しんだが答えが出ない。南天棒から、「そんなざまでなんだ。明日出直せ！」と、一喝されると、飯田は思わず、泣き出してしまった。このような出会いから、およそ九年間、南天棒の行く先々で、医師を開業しながら刻苦修行し、南天棒門下で初めて在家の身で、居士の印可を授かる。

春充は、南天棒を評価していないが、兄信水《しんすい》は南天棒を訪ね、教えを聞いたことがある。信水が、東北学院において押川方義《おしかわまさよし》のもとで修業していた、二十八歳の時のことである。この頃信水は、押川の信仰の境地の高さに驚愕し、その境地に近づくべく決死の修行を行っていた。それは行住座臥、勉学と用事以外の時には、常に神とキリストの事を瞑想し続けることである。昼は、道を歩く時も、瞑想をこらし、目的地を通り過ぎることもしばしば、前から来る馬に気づかずつき当たり目から火花が出たこともあった。さらに、外の物に惑わされないよう、当時は珍しかったサングラスを特注してかけ、半眼を開いて瞑想しながら歩くようにまでなる。そして、夜になると、仙台市の郊外にある宮城野原に出掛け、草の上に一人端座し祈祷して、瞑想を午後六時から真夜中まで行い、遅い時は午前二時くらいまで行うことを続けた。修行があまりに過酷であったため、一時身体を壊し、間歇熱《かんけつねつ》に罹《かか》ってしまう程であった。そんな中、当時禅界の傑物として有名であった南天棒に、ある人物の紹介で会う機会があり、何度か南天棒の禅話に接し、大いに得るところがあったという。こうした厳しい修行を二年続けた三十歳の時に、宮城野原において、後に「宮城野原の大覚」と呼ばれる、高遠な境地に達する。

春充が、南天棒のことを「アンナ下らん奴」と言った背景には、南天棒の禅風があったのかもしれない。南天棒が乃木大将を指導した逸話を、春充は引用していたが、南天棒の指導は、奇をてらった鬼面人を脅かす体のものが多く、そのような点を春充は嫌ったのかもしれない。飯田も、春充の言葉に「主君が、主君として至らないとしても、家臣は、家臣を辞める訳にはいかない」と答えているように、実はこの時点で、すでに南天棒とは袂を分かっていた。先にも記したように、飯田は、南天棒の印可を受けた後も独自の修行を続け、四十歳の時、岐阜県虎渓山にて大悟徹底しているが、その時に明らかに南天棒の限界を知り、「南天棒仏法夢だにも知らず(南天棒は仏法を夢にも知ってはいない)」と確信したという。また「南天棒は無眼子(仏法に対して盲人)だ」とも言っており、後に原田祖岳を師として出家し、曹洞宗の禅を学んだのも、南天棒の禅とその公案の扱いに限界を感じたからであったともいう。

また、春充が、本当の座禅は岩の上でやるものであると言った背景には、春充が深く尊敬する峨山《がざん》慈棹《じとう》禅師（一七二七〜一七九七）の逸話があった。それは、峨山禅師が夜、大石を持ちあげ汗を流した後に、石上で座禅を組んだという話しに因んだものである。

峨山禅師も、近代稀に見る豪僧の一人で、晩年の白隠禅師《はくいんぜんじ》の弟子であり「道力の峨山」と呼ばれ、その修行の苛烈さは群を抜いていた。相撲が好きで、力の強い者が来ると相撲を取ったり、棒押しをしたりした。また、雲龍という現役の相撲取りに勝ったこともあるほど、その相撲は強かったという。相手がいない時は、一人で大石を持ったり、材木を振り回して汗をかいてから、坐禅を組んだ。天龍寺再建の際には、自ら材木や石を運んで人足の手伝いをし、それを見た弟子達が手伝おうとすると、「貴様らは修行に精を出せ、伽藍再建は峨山の役目だ」と言って、決して手伝わせなかったという。また、毎夜深山に入り、岩石の上などで露座した。深夜、暗黒の中で座禅すると、おおいに禅定力が練れる。それも布団などを敷くようなことでは駄目だ、と言っていたということである。

また、乃木大将も南天棒のもとで修行していた時には、「石上の端座は私には当を得た道場座だ。武人は坊さんとおなじで、馬の上が庭園サ。樹下石上が自己の宿舎だ。家蔵が目に付くような武人は真の武人とは言われん」と言い、堂内では坐らず石の上で座っていたという。この話も、春充は聞き知っていたかもしれない。

石上の露座の問答の後は、主に中心力のことについてであるが、ここでは、「中心力」、「部分力」など春充が強健術解説のために新造した用語が使用されているため、やや話しが噛み合っていない感が否めない。

また、飯田は、春充の強健術運動法を見て、「今あなたが、やられた瞬間、光が全世界を照らした。目が見えない者が、見ることができないのは、太陽や月のせいではない」と発言している。これについて春充は、譬えなどではなく、実際に第三者にも観ることのできるものであると主張しており、その一つの例として東京文理科大学生森純吾《もりじゅんご》の目撃談を挙げている。

昭和六年九月二十二日午後七時半より、郡是製糸の学生修道院道場において、肥田先生の中心力養成法、中心力抜刀術の御実演があった後、裸体のまま緊張息詰まるような、御講話があった。

先生突如、大渇一声、ドカッと一歩踏み込み、ピタリと姿勢をとられた―その瞬時…先生の足下に白玉が砕けてその光たちまち、先生の全身を包む。同時に先生の御姿電光のように一変し、仁王のような巨体が光を発して天地を貫いた。さっそうとした雄姿、天地に躍動し、光り輝く御顔は、直接私に迫り来た。御身体を見れば、天地に塞がらんばかり。これ真の先生の御姿なのだろうか。

見ると、室内はさんぜんとして輝き渡り、古びた修道院の道場とは思えない。まるで磨き清められた宮殿を見るようだ。その中央の程よい場所に、平静に返った大彫刻の像は崇厳な光を放って立っている。そこは、まるで聖化された特別な場所として、我らから切り離されて浮ぶ舞台のようである。自然に盛上った筋肉は、美しい曲線を以て、一つ一つくっきりと現れ、頭、首、胸、腰、両腕、脚、足は言葉に出来ない美しい調和を示し、さらに額、眉、眼、鼻、口、…先生におけるすべてのものは、ただ驚異である。ひとえにその御歯、玉のように輝き光を放つ御歯、この世のものとも思われない。見事な御歯、これのみにても、私はその美に打たれ、考えることの出来ない不思議を感じるのである。ましてやその人格、その宇宙の大生命、神と合一された。先生の大精神に到っては、まさに不思議の不思議なものである。

その口は声を発するなり。その像は動くなり、私は以前、天平時代に造られたという、唯我独尊と題する、釈尊の立像を見て深く感動したことがあった。しかしそれは、単なる模型に過ぎない。今私はここに、その生きた天来の姿、天来の調和を見る。

全く夢のようだ。確かに、眼に見える夢である。天国とはこのような所を言うのではないだろうか。全く酔っているようだ。夢か幻覚かと何度も確かめたが、このすばらしい、光景は去らなかった。御話が永久に続けばと心に深く願っても、惜しいことに遂に終わって、先生は退席された。私は席を立つのが忍ばれたけれども、皆が立ったので、仕方なく立った。

室に帰っても、それを思って、何事も手につかなかった。九時を過ぎたけれども、外に出て、静かな街を歩いた。皎々とした秋月が私を照らして、過去の一切を拭い去るようであった。

（聖中心道　肥田式強健術）

春充が踏み込み、中心姿勢を決めたとたん足下から白光がはじけ、春充の全身を包み、室内も燦然と輝き渡ったという。春充の顔が直接眼前に迫り来たとか、身体が天地に塞がる程大きく感じたなど、その観察は客観的事実というよりも、森の主観的事実を語ったものであろうかと思われるが、森は、自身が見た光景を、夢か幻覚かと疑うが、まぎれも無く眼前に展開していたと書き綴っている。

しかしそれは、第三者にそのような強烈な感覚を与えるほどのものが、春充の強健術にはあったということであろう。いや、むしろ飯田が、「目が見えない者が、見ることができないのは、太陽や月のせいではない」と語ったように、凡眼には、本来そこで輝き渡っている真の姿が見えていないだけなのかもしれない。飯田や森のような純粋無雑、無我無心の目には、そこで燦然と輝いている春充の姿が確かに見えていたのであろう。

春充は、さらに自身の中心の力を視覚的に見ることが出来ると述べている。

> 私は私自身の中心の力を、観ることが出来る。それは細い線の白光である。力の作り方によって、この線が左右前後に、傾くことがある。完全な中心力の場合にはこの線が重心から垂直に、支撑底面《ししょうていめん》の中央に向かってほとばしり出てその線の白光濃度が、前後左右とも平均している。
>
> だから私には、今の中心力が十であったとか、八であったとかあるいは左が薄かったとか、後が濃かったとか、もしくは、重心から支撑底面の前後左右のどこにはずれておったとか、明らかに自覚することが出来る。もとよりこれは、力の強弱を言うのではなく、力の性質を、言うのであることに、読者諸君の御注意を願わねばならぬ。

正中心の光は、純白である。それはまさしく、正中心の色なんだ。そうしてそれこそは、真に安息の色であり、楽しみの色であり、虚無の色であり、また充実の色でもあるのだ。（聖中心道　肥田式強健術）

次の記述は、飯田と会した翌年の夏のことであるが、正中心から生命力が滝のように両足中央に落ちるのを感得したというものである。

昭和七年七月二十七日、朝三時半起床、一人道場に立って、魂を打ち込んで、正中心鍛冶の練修をした。その時私は、腰と腹とが、キュッと、絶妙なる緊張を来たして、重心の一点から、生命力が、瀑布のように、白い絹糸の縄のように、両足支撑底面の中央部に向かって、垂直に走るのを、明らかに感得した。その力の微妙なる移動状態が、私には、絵画を見るように、鮮やかに分かった。力の量は、明らかに数字を以て、現すことが出来た。すなわち、力線の前後左右は、すべて十の力に充たされておって、さらに濃淡厚薄の差を持ってはいない。またその線は地平に対して、正しく垂直の形を執っておった。操練の一拍一動作ごとに、生理機能が中心から、力強く全身に波及する。私の心身は、自然の法則の依って立つ所の原理と、完全に一致冥合した。（聖中心道　肥田式強健術）

正中心に腰と腹から同量の力が集中して、中心力が形成されると、その力が滝のように両足の真中に落ちて行くのが白い光として視覚され、その光の濃淡厚薄、傾きが数字で表すことが出来るほど精密に感得することが出来るという。

これは、単なる譬えなどではなく、明らかに一つの感覚として実感されている。肉体の力、筋肉の緊張、体のバランス、触感などが視覚的に感じられるというのである。

これは一種の、共感覚（synesthesia）と考えられないだろうか。共感覚とは、例えば声や音楽が、ただ耳から聞こえるだけではなく、目に見えたり、味を持っていたり、物理的な手触りを伴うような五感のいくつかが結合した感覚のことである。聴覚が視覚化されるとか、聴覚あるいは視覚が、味覚化されるという例は多いようであるが、五感の中の触覚、あるいは平衡感覚を視覚として認識する例は少ないのではないかと思われる。先の、正中心を整えると外界が輝き渡る例と同様、正中心感覚が、脳の感覚野、特に視覚野などに何らかの影響を与えているのではないかと推察される大変興味深い現象である。この現象についても、晩年の春充の項で考察したい。

さて、問答が済むと、早々に春充は暇《いとま》を告げた。

厚く謝辞を述べて、立とうとしたら、惜別の情に堪えぬように、

『まま、もう少し、まだいいでしょう。御飯でも上がって行って下さい。今日は本当に、ありがとうございました。大いに得る所がありました。是非、夕飯を一緒にいたしましょう』

私に下さった。

高徳の老師は、アベコベに礼を言われながら、急ぎ立って台所へ行かれたが、まだ仕度が出来ないと戻ってこられた。そして、自著の『眞風溯原《しんぷうさくげん》』『山雲海舟集《さんうんかいせんしゅう》』と、白隠の『夜船閑話《やせんかんな》』とを持って来られて

強いて別れを告げて、立ち上がったら、そこまで御送りすると、寺僧を伴いかなり離れた自動車の待っている所まで送ってくれた。

師『川合先生に宜しく、こちらを御通りの節は、また是非御訪ね下さい』。

クリスチャンである兄のことを、禅の大家である老師が、先生と言う。お心は、まるで海のようだ。

予『イヤ、これでもう、一生お目にかかりませぬ。どうか、お体をお大切に』

師『あなたも、お大切に』。

——合掌——。

物淋しげに、たたずまれた。…発車…。振り返れば、高弟と共に立ちつくす老師の尊い姿は、段々小さくなって行く。（聖中心道　肥田式強健術）

こうして、禅界の巨頭と春充の面会は終わった。飯田の心遣いに対して、素っ気ない程のあっさりした別れ方である。正に一期一会《いちごいちえ》とでも言えようか。この後、飯田に、春充は自身の『講演集』を送る。これに対し飯田は、知り合えた喜びと、師原田祖岳《はらだそがく》らを招いて、少林窟の開山式を執り行ったことを記した書簡を春充に送っている。そして、二人は春充の言葉通り、二度と見《まみ》えることはなかったのである。

聖中心伝ー肥田春充の生涯と強健術ー壮年編　了　晩年編に続く。

＊著作権者が不明な写真等があります。
該当者ならびに関係者の方、また情報がありましたら
弊社にお知らせいただければ幸いです。

酒井 嘉和（さかい・よしかず）

1963 年生。東洋大学文学部印度哲学科卒。肥田式強健術研究家。

共著：「武術と身体 1 特集 肥田春充」壮神社＋気天舎

ホームページ「聖中心道肥田式強健術」http://hidashiki.na.coocan.jp/ 主催。

聖中心伝　肥田春充の生涯と強健術　壮年編

2021 年 12 月 25 日　第 1 刷印刷
2022 年 1 月 26 日　第 1 刷発行

著　者　酒井嘉和

発行者　恩蔵良治
発行所　壮神社（Sojinsha）
〒 102-0093　東京都千代田区平河町 2-2-1-2F
TEL.03-4400-1658 ／ FAX.03-4400-1659
ISBN978-4-86530-063-5　C0075